英語で
手帳を
つけてみる

石原真弓
Mayumi Ishihara

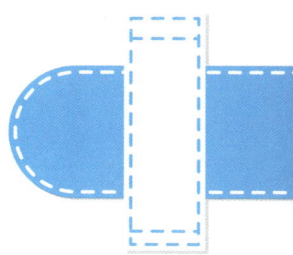

はじめに

　みなさんは日々のスケジュールをどのように管理していますか？

　手帳に書き込んでいる人、カレンダーに書いている人、携帯電話やパソコンのスケジュール機能を利用している人……。ある調査によると、一番多かった回答は「手帳」だったそうです。それを裏付けるかのように、いまや手帳はどんな人の好みやニーズにも応えられるほど豊富な品揃えです。秋も終わりに近づくと、店頭にはサイズや機能、カバーの色や素材、書き込み欄の内容や付録情報など、それぞれに特徴のある手帳が所狭しと並べられます。

　「手帳はどれも同じ」という人にとっては、なぜそんなに種類があるの？と疑問に思うかもしれません。しかし、手帳の存在価値が変わりつつある現状を知ると、その多様性にも納得できます。これまでは、「手帳＝先の予定を書いておくもの」でした。最近では、「手帳＝先の予定＋日記的な役割＋自分の好きなことや大切なことを書き留めておくノート」と考える人が増え、自分流にカスタマイズした手帳が日常生活に欠かせないものとなっています。ちなみに、イギリス英語では「手帳」も「日記」も diary と言います。そんなところからも、手帳が日記的要素を含んでいることにうなずけますね。

本書では、カスタマイズの1つの方法として、英語で手帳をつけることを提案しています。「英語で手帳をつける」なんて大ごとのように聞こえるかもしれませんが、実際に始めてみると、それほど大変ではないことに気づかれるでしょう。それは、書き方にルールがないからです。一般的に予定は英単語で書くことが多いため、あまり文法を意識する必要がありません。かく言う私も、英語教育者でありながら細かな文法は気にせず、予定や締め切りなどを簡単な語句で書き込んでいます。自分にしか理解できない略語も多用しています（写真は7ページ）。

　そもそも手帳は「覚え書き用のノート」です。日本語の場合でも、やるべきことや予定を「自分が見てわかればよい」という感覚で簡単に書く人が多いのではないでしょうか。英語でも同じです。例えば、「銀行で2万円おろす」の場合、文法的に正しい表現はwithdraw ¥20,000 from the bank ですが、手帳には「bank / ¥20,000」と書くだけでも理解できます。「bank」や「¥20,000」だけでもよいでしょう。英単語がわからなければ、日本語をローマ字書きするのもアリですね。このように、自分流の書き方でOKという気軽さから、手帳は始めやすく継続させやすいツールと言えます。

　なかには、手帳を開いたときに周りの人に見られるのが気になるという人もいるでしょう。しかし、英語で書いておけば秘密性が高くなり、周囲の目もそれほど気になりません。また、英語で書き込んだ手

帳に憧れを感じる人が多いという点では、ファッション性の高さをアピールできるのも魅力ですね。

　自由なスタイルで秘密性とファッション性にも優れた"英語の手帳"を、あなたの日常に取り入れてみませんか？「手帳」というツールを使えば、日ごろから英語に触れる機会を増やすことができます。また、手帳に何度も書き込むうちに、身の回りの英語表現が自然と身についていきます。細かな文法などは気にせず、まずは、英語で手帳をつけてみてはいかがでしょうか？

　本書が、英語で手帳をつけるキッカケとなり、ひいては、ボキャブラリーの増強につながれば、著者として大変嬉しく思います。

　　　　　　　　　　　　　　　　　　　　　　　　　　石原真弓

私の手帳を

これらは、私が過去に使っていた手帳です。

　最初は、プレゼントされた黒のシステム手帳を使っていました。予定を書き込むページに加え、数年分のカレンダー、名刺用のクリアポケット、地下鉄マップ、アドレス帳なども付いていてとても便利でしたが、表面の革がすれて人前で開けないくらい使い込んだので替えることに。その後は、商社に勤務している友人からもらった手帳、テレビ局でいただいたデスクカレンダー、ふつうのスパイラルノートなど、タイプの異なるさまざまな手帳を使いました。最近のお気に入りは、鮮やかなカバーのウィークリータイプです。予定を書く欄の大きさがちょうどよく、持ち歩いても重くないのがGOOD。毎年、色を選ぶのも楽しいものです。来年は、どんな手帳を使おうかなぁ…。

公開します！

（乱字でお恥ずかしいのですが）これは、ある1週間の私の予定です。

予定が変わることも多いため、消して書き直せるように鉛筆で書いています。

時間や場所が決まっている予定は中央に大きく、締め切りがあるものは左端に、覚え書きは右端に……と、3つに区切る感じで使っています。

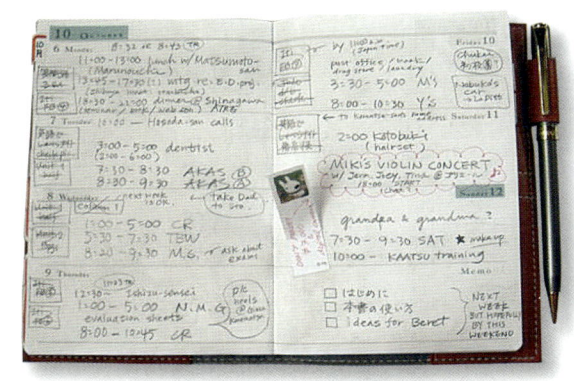

中央に書くのは、英会話レッスンや編集者との打ち合わせ、講演会やセミナーなどのイベントです。左端は出版関係の項目がほとんどで、原稿やゲラを編集者に送ったら線を引いて消すようにしています。右端は、「父を駅まで送る」「（修理に出していた）靴を取りに行く」「初校が届くかも？」などといった覚え書き用に使っています。「〇〇さん〜へ出張」「〇〇さんの誕生日」など、ほかの人の予定や記念日を書いておくこともあります。みなさんは、手帳をどのようにお使いですか？

イヤリータイプ

1月		2月		3月		4月		5月		6月	
1		1		1		1		1		1	
2	H.S. reunion	2		2		2		2	↑ Parents' home	2	
3		3		3		3		3		3	
4		4		4		4		4		4	
5	my B.D	5		5		5		5	↓	5	↑ inter- national fair
6	1st work Day	6		6		6		6		6	
7		7		7	☺	7		7		7	↓
8		8		8	MOM	8	TAEKO	8		8	DAD
9		9		9	BEN	9		9		9	
10		10	DEANNA	10		10		10		10	
11		11		11		11	Harada- san	11		11	
12		12		12		12		12		12	
13	MIKE	13		13		13		13		13	↑ company trip
14		14		14	MASAKO	14		14		14	↓
15		15		15		15		15		15	
16		16		16		16		16	DAVID	16	
17		17		17		17	5th anniv.	17		17	
18		18		18		18		18		18	
19	ATSUSHI	19		19		19		19		19	SHINICHI
20		20	IKUMI EDC	20	AKIKO	20		20		20	
21		21		21		21		21		21	
22		22		22	RYO	22		22	HITOSHI	22	
23		23		23	to U.S.A	23	KIYOMI	23		23	
24		24		24		24		24		24	
25		25	LISA	25		25	ERIKO	25		25	
26		26		26		26		26		26	
27	♡	27		27		27		27		27	✧ ✧
28	YUKIKO	28		28		28		28		28	Aya's wedding
29	EDC			29	ALEX	29		29		29	
30				30		30	GRANDMA	30		30	✧
31				31				31			

tips

　年間の予定がひとめでわかるイヤリータイプ。ここには、友人の誕生日や既に日取りが決まっている予定を書いておくとよいですね。欄が小さいので、誕生日は名前だけを書いたり、長いものは略したりすると good。例えば、1月2日の H.S. reunion は high school reunion（高校の同窓会）を、1月5日の my B.D は my birthday（私の誕生日）を、1月28日や2月20日の EDC は出産予定日を表す expected date of confinement を略し

	7月		8月		9月		10月		11月		12月
1		1	YUKIKO	1		1	MINORI	1		1	
2		2		2		2		2		2	
3		3		3		3		3		3	
4		4		4		4		4		4	
5		5		5		5		5		5	
6		6		6		6	Xiao-Wang	6		6	
7		7		7		7		7		7	
8		8		8	Peggy comes	8		8		8	SUSU
9		9		9		9		9		9	
10	SAKURABA-SAN	10		10		10		10		10	
11		11		11		11		11	SATOSHI	11	
12		12		12		12		12		12	
13	AKINA	13		13		13		13	YUKO	13	
14		14		14		14		14		14	
15		15		15		15	↑	15		15	
16		16	KANAE	16		16	exhibi-	16		16	SATOMI
17		17	HIDEYUKI	17		17	tion	17		17	
18		18		18		18	↓	18		18	
19		19	AYU	19		19		19		19	MIYU
20		20		20	Peggy returns	20		20		20	
21		21		21		21		21		21	
22		22	KAYOKO	22	TOMOMI	22		22		22	
23	WATAHIKI-SAN	23		23		23		23		23	
24		24		24		24		24	MIWAKO	24	Last work Day
25		25		25		25		25		25	
26		26		26		26		26		26	
27		27		27		27		27		27	NEW YEAR'S HOLIDAYS
28		28	NOBUKO	28		28		28		28	
29		29		29		29		29		29	
30		30		30		30		30		30	
31		31				31				31	

たもの。EDC の代わりに EDD（= expected date of delivery）と記しても OK。また、Yukiko is due January 28.（ユキコの出産予定日は 1 月 28 日）のように表現することもあるため、Yukiko – due や Yukiko – baby? など、自分でわかればどのような書き方をしてもよいでしょう。ちなみに、1st Work Day は「仕事始め」、Last Work Day は「仕事納め」、parents' home は「帰省」、company trip は「社員旅行」、5th anniv. は 5th anniversary の略で「5 周年」のこと。

マンスリータイプ

月	火	水
		1
6	7 gym	8 lunch w/ Yoshida-kachō
13	14 gym	15
20 Rei's birthday ✉ send e-mail	21 gym	22
27 dinner w/ Fumi-chan	28 gym	29 Showa Day Disneyland w/ Miki

tips

　1カ月の予定がパッと把握できるマンスリータイプ。「毎週火曜日はスポーツクラブ」「17日は新入社員の歓迎会」など、既にわかっている事柄は月初めに書き込んだり、仕事とプライベートを色分けしたりするとよいでしょう。スペースにゆとりがあるマンスリータイプには、きちんとスペルで表してもよいですが、with（〜と）やat（〜で）などは、w/や

木	金	土	日
2 facial treatment	3	4	5 Hanami w/ Yoshiki
9 nail salon	10	11 Hanami w/ co-workers	12
16 facial treatment	17 welcome party for new employees	18	19 chat w/ Tae-chan @second cup
23 movie w/ Yoshiki	24	25 shopping purple heels B.D. present for Yuki	26 Marie-grooming
30	♥ clean my room ♥ pick out an onsen ♥ book Shinkansen seats (4/30? 5/2? & 5/5)		

@ などと簡略化するのもアリです。また、25日 shopping のように、買うものや欲しいものを箇条書きしておくと、うっかり忘れてしまうことがありません。ちなみに、木曜日の facial treatment は「美顔エステ」、nail salon は「ネイルサロン（爪のお手入れ）」、19日の chat は「おしゃべり」、26日は、「愛犬マリー・毛のお手入れ」のこと。5日や11日の Hanami（花見）のように、日本語をそのままローマ字で書いておくのも OK です。

ウィークリータイプ

3 Monday	14:00 visit S&I Company Takahashi-san 080-3333-5555 ※ make dinner reserv. for 5th
4 Tuesday	6:45 - 7:45 English Conversation dictionary
5 Wednesday	Bucho - day off 7:30 dinner w/ Nao (Kagurazaka)
6 Thursday	12:00 - Work outside (go straight home) ※ withdraw ¥20,000
7 Friday	9:30 - 11:30 regular meeting Super Sento (TGIF! ☺)

8 Saturday	(12:28 train)
	1:30 - 4:30
	  time management seminar
	      @ Nakata Bldg. #205

9 Sunday	prepare for presentation (buy laser pointer)

tips

　1週間の予定を具体的に把握できるのがウィークリータイプ。週間予定ともなると、時間や場所が決まっていることも多いはず。スタート時間や実施時間を記したり、8日の time management seminar（タイムマネージメントセミナー）のように、会場のビル名や部屋番号まで書き留めたり、3日の「S&I会社訪問」のように、担当者の連絡先も書き加えておいたとすると、いざというときに安心です。

　ここでは、「〜訪問」を visit 〜と表していますが、visit を省略して「14:00　S&I Company」としても、14時に S&I 社を訪問することはわかります。日本語を一字一句英語に訳そうとしなくても、自分で見てわかれば OK です。

　また、覚え書きとして、3日（5日のディナーを予約）や6日（2万円おろす）のように、やらなければならないことは※印で書いておいたり、9日（レーザーポインターを買う）のように吹き出しを使ったり、色ペンで際立たせてもよいでしょう。

　7日（スーパー銭湯）TGIF!（花の金曜日！）のように、気持ちを表す表現を加えるのもいいですね。

　ちなみに、4日の English conversation は「英会話（朝のレッスン）」、6日の work outside は「外回り」、go straight home は「直帰」、7日の regular meeting は「定例会議」、9日の prepare for presentation は「プレゼンの準備」のこと。

デイリータイプ

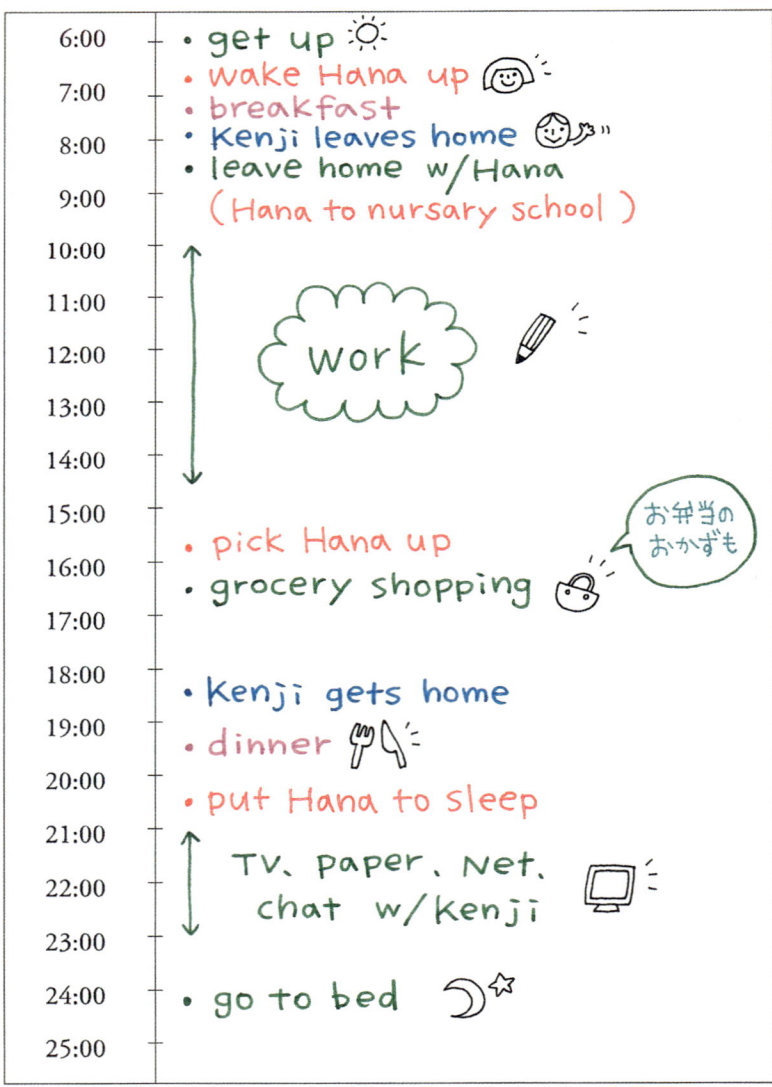

手帳サンプル

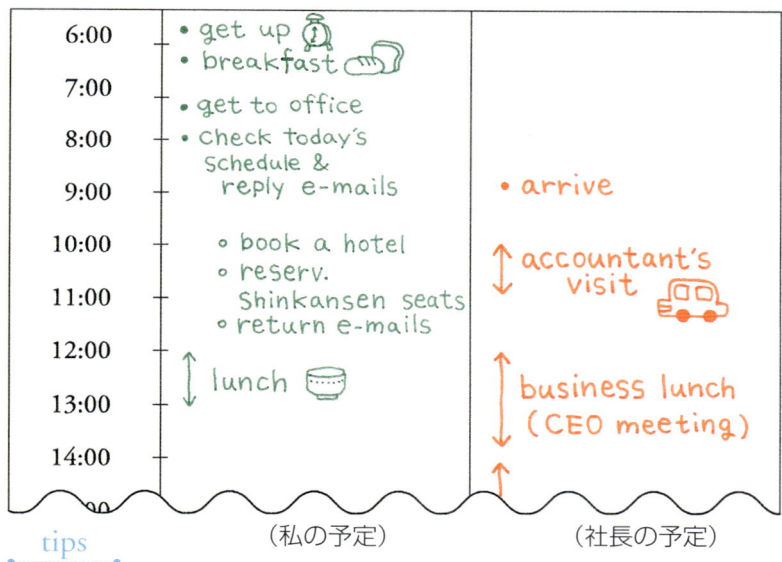

tips

　デイリータイプは1日の予定を細かく書きたい人にオススメ。時間刻みで様々な予定を入れている人や、他の人のスケジュールも書き込みたい人に便利です。起床・就寝時間、家を出る時間やテレビを見る時間なども具体的に記すことで、時間が管理しやすくなるのも特徴の一つといえるでしょう。

　左のように、家族（Kenji – 夫、Hana – 娘）の予定も交えると、家族全体の1日の流れが把握しやすくなります。また、秘書をしている人などは、上のように縦に線を引き、左に自分の予定を、右に社長の予定を記入するというのも1案です。併記することで予定が見やすくなる上に、段取りよくスケジュールをこなすことができます。また、左に予定を、右にTO DO LIST（やらなければならないことのリスト）を書いたりするのもいいですね。自分の生活に合わせて、効率よく使い分けてみましょう。

　ちなみに、wake Hana up は「ハナを起こす」、leave home は「家を出る」、Hana to nursery school は「ハナを保育園へ」、pick Hana up は「ハナのお迎え」、put Hana to sleep は「ハナを寝かし付ける」、book a hotel は「ホテルの予約」、reserv. Shinkansen seats は「新幹線の指定席予約」、return e-mails は「メール処理」、accountant's visit は「会計士来社」のこと。

ほかにもある、こんな手帳

　最近は、予定を書き込む欄だけではなく、テーマのついた手帳があるのをご存知ですか？これらは、目的を達成させたり、モチベーションを維持したり、記録誌として残したい人に重宝されています。自分の興味や必要性に応じて、テーマ手帳を使ってみるのもいいですね。

「ヘルシー手帳」
　朝・昼・晩に食べたものとそのカロリー、体重を書く欄が設けられています。食品栄養素チャートやカロリー消費量の表などが載っているものも多く、手帳で健康管理ができるのが good!

「ビューティ手帳」
　メイクのコツや月経とホルモンバランスのサイクルに関する知識、エステやネイル、スキンケアなどをした日を記入する欄などが設けられています。心身の健康を保って美を磨く情報が満載なのがうれしい！

「上司手帳」
　よい上司になるヒントが書かれています。部下を褒めたか、的確な指示を出したか……といった項目リストにチェックマークを入れることで、自ら毎日意識付けできるようになっています。

「赤ちゃん手帳」

　授乳時間、睡眠時間、ウンチをした時間などが簡単に書き込める手帳です。時間枠の横に描かれた哺乳瓶やウンチの絵に色を塗るだけなので、サッと記録することができます。首がすわった時期や伝い歩きをした時期なども記入して、赤ちゃんの成長を残しましょう。

　ほかにもさまざまなテーマ手帳があります。手帳コーナーやネットなどでチェックしてみてください。

ノート欄の活用法

　多くの手帳にはノート欄（自由に使えるページ）が設けられています。手帳を愛用しているみなさんにその活用法を尋ねたところ、おもしろいアイデアがたくさん出ました。内容はさまざまですが、やったことなどを記録しておく、（書かないとすぐに忘れてしまうことを）忘れないために書き留めておく、という点は共通しているようです。

　手帳愛用者のみなさんが教えてくれたノート欄活用のアイデアをいくつかご紹介します。参考にしてみてください。

メモ帳として

　思いついたアイデア（新商品のデザイン、企画案、生まれてくる子どもの名前の候補など）を書いています。雑誌で見つけた簡単レシピを書き写しておくこともあります。

地図

　訪問先やお気に入りのお店を発見したときなどは、地図を描いておきます。電車の乗り換えも添えておけば、次に行くときに再度調べたり、迷ったりすることもありません。

TO DO LIST

　その日、または、その週にしなければならないことはデイリーやウイークリーページに書き込んでいますが、特に急ぎではないもの（大掃除をする、写真を整理する、洋服のサイズ直しをするなど）はノート欄に書いています。

長期的なプラン

　年齢とその年齢で達成したい具体的な目標を書き、夢の実現に向けての長期的なプランをたてるのに利用しています。目標が漠然としていても、将来の理想的な自分をイメージすると、何をすればよいかが具体的に見えてきます。

マナー

　訪問先で失礼がないように、ビジネスマナーや食事のマナー、タクシー内での座席優先順など大切なことを書いておき、人と会う前に必ず目を通すようにしています。

反省のために

　甘いものとお酒が大好きな私。度が過ぎてしまうことも多々あるので、食べた（飲んだ）ものと量を記入しています。摂り過ぎたときは反省し、次から控えるように心がけています。

なりたい自分像

　自分の生活や仕事に対する態度を振り返り、改善点は何か、どんな人になりたいのかを書いています。ときどき見直すことで、自己向上のための努力を怠らないようにしています。

写真

　赤ちゃんの表情や作ったお弁当を写真に撮り、シール印刷して貼っています。赤ちゃんは日々顔が変わるので、変化を見るのが楽しいです。旅先で撮った珍しい食べ物の写真もお気に入り！

　ちなみに私は、「いただいた贈り物」「プレゼントしたもの」「読んだ本や見た映画のタイトル」「出版した本や携わった雑誌、記事や著作が紹介された新聞や情報誌」などを箇条書きにしています。また、好きなポルシェの切抜きを貼ったり、憧れのハリウッドスターの切抜きを挟んだりして、ときどき眺めては心にビタミンを補給しています。

　みなさんも、好きなことや大切なことをたくさん書き込んで、常に持ち歩きたくなる手帳を作ってみてください。

英語で手帳をつけてみる ● CONTENTS

はじめに……………………………………………………………… 3

私の手帳を公開します ……………………………………………… 6
手帳サンプル　イヤリータイプ ……………………………………… 8
手帳サンプル　マンスリータイプ …………………………………… 10
手帳サンプル　ウィークリータイプ ………………………………… 12
手帳サンプル　デイリータイプ ……………………………………… 14
ほかにもある、こんな手帳 ………………………………………… 16

本書の使い方 ………………………………………………………… 26
本書の英語表現に関するお断り …………………………………… 27

手帳で使える単語集　29

付箋紙に書いて貼っておく語句 …………………………………… 30
月と曜日 ……………………………………………………………… 31
日本の祝日 …………………………………………………………… 32
年間行事 ……………………………………………………………… 33
覚えておきたい日 …………………………………………………… 34
地域の行事 …………………………………………………………… 36
天気 …………………………………………………………………… 37

家族、親戚を表す言葉	38
人を表す言葉	39
肩書き	40
世界の国	42
世界の都市	45
仕事（1）…予定と行事	48
仕事（2）…やらなければならないこと（動作）	50
仕事（3）…やらなければならないこと（もの）	51
日常的な覚え書き	52
引越しですること	55
セール	56
予約	57
プライベート	58
習い事	59
パーティ	60
建物	62
店	63
会社	64
教科	65
学生の覚え書き	66
試験	68
花	69
花壇	70

野菜	71
さまざまな食材	72
調味料	74
日用必需品	75
台所用品	76
電化製品	78
赤ちゃん用品	79
衣類	80
アクセサリー	81
化粧品	82
文具	83
楽器	84
乗り物	85
生き物	86
部屋にあるもの	90
色	91
模様	92
待ち合わせを表す前置詞	93

手帳に書き込む"ひとこと日記" ─── 95

Part 1　書きたいことを構文から探す ……………96
行った場所 ………………………………………… 96
-ing 形を使った娯楽 ……………………………… 97
買ったもの ………………………………………… 98
偶然会った人 ……………………………………… 99
あげたもの ………………………………………… 100
もらったもの ……………………………………… 101
食べたもの、飲んだもの ………………………… 102
作ったもの ………………………………………… 103
し忘れたこと ……………………………………… 104
なくしたもの、見つけたもの …………………… 105
必要性のあること ………………………………… 106
したいこと ………………………………………… 107
意思に反してしたこと …………………………… 108

Part 2　書きたいことをテーマから探す ………… 110
睡眠、起床 ………………………………………… 110
通勤、通学 ………………………………………… 112
見たもの、聞いたもの、読んだもの …………… 113
家事 ………………………………………………… 114
庭仕事 ……………………………………………… 115

体調 …………………………………………… 116
　ダイエット、健康 ……………………………… 118
　うれしいできごと ……………………………… 120
　残念なできごと ………………………………… 122
　交友、恋愛 ……………………………………… 124
　休日、空いた時間にしたいこと ……………… 126
　生理 ……………………………………………… 129

Part 3　気持ちや感想を書く ……………… 130
　一般的な感想 …………………………………… 130
　うれしさ、興奮 ………………………………… 132
　悲しみ、苦しみ ………………………………… 134
　怒り ……………………………………………… 136
　驚き ……………………………………………… 138
　不安 ……………………………………………… 139
　安心感 …………………………………………… 140
　後悔 ……………………………………………… 141
　食べ物の感想 …………………………………… 142
　買ったものの感想 ……………………………… 143
　スポーツやイベントなどの感想 ……………… 144
　本や映画などの感想 …………………………… 145
　人についての感想（外見） …………………… 146
　人についての感想（中身） …………………… 148
　自分へのねぎらい、励まし …………………… 150

付録

書き留めておきたい "心に響く言葉" ── 153

 人生 …………………………………………………… 154
 成功 …………………………………………………… 155
 気持ちがラクになる言葉 …………………………… 156
 励まし ………………………………………………… 157
 アドバイス …………………………………………… 158
 ことわざ、信条 ……………………………………… 159

今の自分を書き留めておく 10 の項目 ── 161

 今年の抱負は？ ……………………………………… 162
 夢中になっていることは？ ………………………… 163
 尊敬する人は？ ……………………………………… 164
 夢は？ ………………………………………………… 165
 自分の好きなところは？ …………………………… 166
 自分の性格で変えたいところは？ ………………… 167
 どんなときに幸せを感じる？ ……………………… 168
 一番大切なものは？ ………………………………… 169
 欠かさずしていることは？ ………………………… 170
 10年後の自分は？ …………………………………… 171

 MY WORD LIST ……………………………………… 172

本書の使い方

本書は、英語で手帳をつけるときに役立つ表現をメインコンテンツとして、次のように構成してあります。

- 巻頭特集
- 手帳で使える単語集
- 手帳に書き込む"ひとこと日記"
- 巻末付録

巻頭特集には、英語で予定を書き込んだ **4 つのサンプル**が紹介してあります。**予定を書くときのコツ**や、**空いたスペースの活用法**も説明されているので、手帳をカスタマイズする際の参考にしてみてください。

単語集には、**手帳で使えるさまざまな語句**が項目別に紹介してあります。各項目のトップにある例を参考にしながら、英語で予定を書き込んでみましょう。

予定を書き込むことに慣れてきたら、**"ひとこと日記"** にトライしてみましょう。その日のできごとや感想を、「構文」「テーマ」「気持ち・感想」から探して、手帳の空いたスペースを埋めてみるのもいいですね。

巻末付録には、「夢」や「尊敬する人」など、**自分に問いかける 10 の質問**が設けてあります。時が経つと忘れてしまいがちな"今の自分"を書き留めておくのに便利です。また、**"心に響く言葉"** は、手帳やカードなどに書くときの参考にしてください。

本書の英語表現に関するお断り

　本書は、「手帳」というツールを使って毎日自然と英語に触れ、英語に親しむことを一番の目的としています。また、限られたスペースに簡単な表現で書き込むことが多い手帳事情を考慮に入れて、なくてもわかる言葉や文末のピリオドを省略したり、本来大文字にするべき文頭を小文字で始めたりと簡略化しています。そのため、文法的に完璧ではない表現もありますが、手帳を意識しての表記であることをご了承いただければ幸いです。
例えば……

- 単語集ではa(n)やtheなどの冠詞を省略してあります。
（例）「議題を作成する」はmake an agendaやmake the agendaなどと表すところを、make agendaとしてあります。
- ひとこと日記では、自分に関する事柄は主語がなくても理解できるという理由から、主語のI（文によってはIとbe動詞）を省略してあります。少しでも速く書けるように文頭も小文字のままにし、ピリオドを省略した表現が多数あります。
- 付録に関しては、スペースに余裕のあるノート欄やカードなどに書くことを想定し、文法的に正しい文で表現してあります。

　本書では、可能な表現が複数ある場合でも、その一例を紹介しています。例えば、「〜さん来社」は「〜's visit」と表現してありますが、「〜's coming」も可能です。来社する人の名前を書くだけでもよいでしょう。「2時に」という場合も、「at 2:00」「@2:00」「2:00」など、人によって書き方はさまざまです。本書で紹介したものはあくまでも参考例に過ぎません。これを絶対的なものとせず、自分の好きなように書き込んでください。

手帳で使える単語集

ここでは、手帳に英語で書き込むときに便利な
語句をご紹介します。
各項目のトップにある例を参考にしながら、
日々の予定を英語で書いてみましょう。
わからないところは日本語のままでも OK です。
長い単語は自分流に短縮したり、
色ペンを使ってカラフルにするなどして、
手帳をカスタマイズしましょう。

※表記については、「本書の英語表現に関するお断り」(p.27)をご覧ください。

付箋紙に書いて貼っておく語句

まだ決定していない事柄は手帳に書こうか迷うもの。そんなときは、付箋紙に書いて貼っておくとよいでしょう。付箋紙なら決定後に手帳に書き込んだら、はがすことができます。また、重要なメッセージを書き、リマインダー（忘れないように思い出させるもの）として貼っておいても便利です。

日本語	英語1	英語2	英語3
必ずする	MUST		
大至急	as soon as possible	A. S. A. P.	
要確認	check		
要再確認	double-check	d / c	
重要	important		
㊤	undone		
㊈	done	taken care of	t. c. o.
㊋	tentative	tent	
忘れるな！	Don't forget!	Ⓓ forget	
返事待ち	waiting for answer	waiting	w. f. a.
変更の可能性アリ	subject to change	subto	S. T. C.

月と曜日

　月や曜日が日本語で書かれた手帳をお使いの場合は、下記の語句を参考にしてください。

※（　）内は、その月や曜日の短縮形を表します。5月は短縮形がありません。
　6〜7月は略さないのが一般的です。

【月】　　1月　January (Jan.)
　　　　2月　February (Feb.)
　　　　3月　March (Mar.)
　　　　4月　April (Apr.)
　　　　5月　May
　　　　6月　June
　　　　7月　July
　　　　8月　August (Aug.)
　　　　9月　September (Sep. / Sept.)
　　　　10月　October (Oct.)
　　　　11月　November (Nov.)
　　　　12月　December (Dec.)

【曜日】　月曜日　Monday (Mon.)
　　　　火曜日　Tuesday (Tue. / Tues.)
　　　　水曜日　Wednesday (Wed.)
　　　　木曜日　Thursday (Thu. / Thurs.)
　　　　金曜日　Friday (Fri.)
　　　　土曜日　Saturday (Sat.)
　　　　日曜日　Sunday (Sun.)

日本の祝日

| 11 WED | 建国記念の日 (National Foundation Day) |

1月1日	元旦	New Year's Day
1月（第2月曜日）	成人の日	Coming-of-Age Day
2月11日	建国記念の日	National Foundation Day
3月21日ごろ	春分の日	Vernal Equinox Day
4月29日	昭和の日	Showa Day
5月3日	憲法記念日	Constitution (Memorial) Day
5月4日	みどりの日	Greenery Day
5月5日	こどもの日	Children's Day
7月（第3月曜日）	海の日	Marine Day
9月（第3月曜日）	敬老の日	Respect-for-the-Aged Day
9月23日ごろ	秋分の日	Autumnal Equinox Day
10月（第2月曜日）	体育の日	Sports Day
11月3日	文化の日	Culture Day
11月23日	勤労感謝の日	Labor (Thanksgiving) Day
12月23日	天皇誕生日	the Emperor's Birthday
振り替え休日		Substitute Holiday

年間行事

21 SUN	Father's Day
	Family dinner@Isaribi

1月 はじめ	正月	the New Year
1月	初詣	first shrine visit
2月3日 ごろ	節分	Bean-Throwing Ceremony
2月14日	バレンタインデー	(St.) Valentine's Day
3月3日	桃の節句（ひな祭り）	Doll Festival
3月14日	ホワイトデー	White Day
3月	彼岸	equinoctial week
3～5月	花見	cherry blossom viewing
5月5日	端午の節句	Boys' Day
5月（第2日曜日）	母の日	Mother's Day
6月（第3日曜日）	父の日	Father's Day
7月7日	七夕	Star Festival
8月15日 ごろ	お盆	Bon Festival
9月	彼岸	equinoctial week
9月	月見	moon viewing
10月31日	ハロウィン	Halloween
11月15日	七五三	Seven-Five-Three Festival
12月24日	クリスマスイブ	Christmas Eve
12月25日	クリスマス	Christmas
12月31日	大晦日	New Year's Eve

覚えておきたい日

| 30 MON | 13:30-16:00(?)
planning mtg | ★ Maki's birthday
send her b/d card |

結婚記念日	wedding anniversary
結婚〜周年	~th wedding anniversary (〜は 1st, 2nd, 5th, 10th などの序数)
〜の誕生日	~'s birthday
〜の結婚式	~'s wedding
創立記念日	anniversary of founding
創立〜周年	~th anniversary of founding
開店記念日	anniversary of opening
開店〜周年	~th anniversary of opening
〜の命日	anniversary of ~'s death
…の〜回忌	~th anniversary of …'s death
入学式	entrance ceremony
始業式	opening ceremony
終業式	closing ceremony
卒業式	graduation ceremony
入社式	company's entrance ceremony

給料日	payday
ボーナス支給日	bonus
ポイント2倍デー	double point day
選挙投票日	election day
車検	car inspection
運転免許証有効期限日	driver's license expires
パスポート有効期限日	passport expires
〜の発売日	release date for 〜
確定申告期限日	final income tax return due
応募の開始日	opening date for application
応募の締め切り	closing date for application
〜さん来日	〜's arrival in Japan
〜さん帰国	〜's flight back
〜の配達予定日	delivery of 〜
〜さんの出産予定日	〜's expected date of delivery

地域の行事

| 5 SAT | flea market
 ・tricycle（安くていいのがあれば） |

ゴミ拾い	cleaning day
バザー	bazaar
フリーマーケット	flea market
町民体育大会	town field day
花火大会	fireworks show
盆踊り大会	Bon dance festival
マラソン大会	marathon
もちつき大会	rice cake making / mochi making
もちなげ	rice cake throwing / mochi throwing
お祭り	festival
防犯パトロール	anti-crime patrol
ボーイスカウト	boy scouts
ガールスカウト	girl scouts
婦人会の集まり	fujinkai gathering
可燃ゴミの日	combustibles
不燃ゴミの日	noncombustibles
資源ゴミの日	recyclable waste
粗大ゴミの日	oversize trash

天気

22 THU	return DVDs	COLD
23 FRI		SNOWY
24 SAT	11:30 lunch w/ Ayu @Epicurean	-1℃ Brrr...

晴れた	sunny	ジメジメした	humid
快晴の	beautiful	カラッとした	dry
くもった	cloudy	暖かい	warm
雨降りの	rainy	涼しい	cool
にわか雨	shower	寒い	cold
どしゃ降り	downpour	肌寒い	chilly
雷雨	thunderstorm	かなり寒い	freezing cold
雷（落雷）	thunderbolt	風が強い	windy
雪降りの	snowy	風が心地よい	breezy
みぞれの	sleety	台風	typhoon
暑い	hot	竜巻	tornado
かなり暑い	boiling hot	雪崩（なだれ）	avalanche
蒸し暑い	muggy	土砂崩れ	landslide

家族、親戚を表す言葉

> **3 SUN** (afternoon)　　*take fruit*
> visit aunt in Central Hospital

父	father / dad
母	mother / mom
兄、弟	brother
姉、妹	sister
夫	husband
妻	wife
息子	son
娘	daughter
子ども	child（複数形は children）
祖父	grandfather / grandpa
祖母	grandmother / grandma
孫息子	grandson
孫娘	granddaughter
親戚	relative
いとこ	cousin
おじ	uncle
おば	aunt
甥	nephew
姪	niece
義理の父	father-in-law
義理の母	mother-in-law
義理の兄、弟	brother-in-law
義理の姉、妹	sister-in-law
婿	son-in-law
嫁	daughter-in-law

人を表す言葉

15 FRI | 19:00 meet Emiko & her fiancé

友だち	friend
一番の親友	best friend
親友	good friend
知り合い	acquaintance
隣人	neighbor
先生	teacher
生徒	student
クラスメート	classmate
部員	teammate
先輩	sempai（ピッタリの訳なし）/ senior
後輩	kouhai（ピッタリの訳なし）/ junior
上司	boss
部下	subordinate / my worker
同僚	co-worker
仕事仲間	business associate
彼氏	boyfriend
彼女	girlfriend
婚約者（男）	fiancé
婚約者（女）	fiancée
前夫	ex-husband
前妻	ex-wife
元カレ	ex-boyfriend
元カノ	ex-girlfriend
見知らぬ人	stranger

肩書き

| **1** WED | talk w/ lawyer (re: copyright) |

会長	chairperson
社長	president
副社長	vice-president
最高経営責任者	CEO (chief executive officer)
部長	department manager
課長	section manager
秘書	secretary
政治家	politician
弁護士	lawyer / attorney
司法書士	judicial scrivener
司書	librarian
作家	writer
漫画家	cartoonist
イラストレーター	illustrator
医者	doctor
歯科医	dentist
看護師	nurse

獣医	vet / veterinarian
警察官	police officer
刑事	detective
警備員	security guard
銀行員	bank clerk / teller
先生	teacher
教授	professor
建築家	architect
大工	carpenter
消防士	fire fighter
通訳	interpreter
写真家	photographer
配管工	plumber
パイロット	pilot
客室乗務員	flight attendant
葬儀士	funeral director
パン職人	baker
パティシエ	patisserie
美容師	hairstylist / hairdresser
理髪師	barber
薬剤師	pharmacist
会社員	office worker

世界の国

7 FRI	8:55 a.m. (dept)	⒟ forget ・passport ・money ・digital camera ・e-ticket resv. #
8 SAT	Korea	
9 SUN	20:48 Nagoya	

アメリカ	America
カナダ	Canada
メキシコ	Mexico
ペルー	Peru
ブラジル	Brazil
チリ	Chile
アルゼンチン	Argentina
ウルグアイ	Uruguay
ボリビア	Bolivia
ベネズエラ	Venezuela
キューバ	Cuba
フランス	France
イタリア	Italy
イギリス	(Great) Britain

アイルランド	Ireland
アイスランド	Iceland
スペイン	Spain
ポルトガル	Portugal
ポーランド	Poland
ベルギー	Belgium
ドイツ	Germany
オーストリア	Austria
スイス	Switzerland
ノルウェー	Norway
スウェーデン	Sweden
フィンランド	Finland
デンマーク	Denmark
トルコ	Turkey
チェコ共和国	the Czech Republic
ルーマニア	Rumania
ブルガリア	Bulgaria
ギリシャ	Greece
モロッコ	Morocco
エジプト	Egypt
サウジアラビア	Saudi Arabia
チュニジア	Tunisia

エチオピア	Ethiopia
タンザニア	Tanzania
ナイジェリア	Nigeria
南アフリカ	South Africa
イラン	Iran
イラク	Iraq
アフガニスタン	Afghanistan
パキスタン	Pakistan
ネパール	Nepal
インド	India
タイ	Thailand
フィリピン	Philippines
インドネシア	Indonesia
マレーシア	Malaysia
シンガポール	Singapore
モンゴル	Mongolia
中国	China
韓国	Korea
ロシア	Russia
オーストラリア	Australia
ニュージーランド	New Zealand

手帳で使える単語集

世界の都市

| 13 TUE | *make dentist appt. | Yamada-san in Bangkok |

ニューヨーク　　　　New York
ロサンゼルス　　　　Los Angeles
サンフランシスコ　　San Francisco
シカゴ　　　　　　　Chicago
バンクーバー　　　　Vancouver
トロント　　　　　　Toronto
モントリオール　　　Montreal
メキシコシティ　　　Mexico City
カラカス　　　　　　Caracas
サンパウロ　　　　　São Paulo
リオデジャネイロ　　Rio de Janeiro
ブエノスアイレス　　Buenos Aires
サンチアゴ　　　　　Santiago
ロンドン　　　　　　London
パリ　　　　　　　　Paris
ブリュッセル　　　　Brussels
マドリッド　　　　　Madrid
ナポリ　　　　　　　Naples

ローマ	Rome
フィレンツェ	Florence
ミラノ	Milan
アテネ	Athens
ミュンヘン	Munich
アンカラ	Ankara
ウィーン	Vienna
ストックホルム	Stockholm
ヘルシンキ	Helsinki
オスロ	Oslo
コペンハーゲン	Copenhagen
ワルシャワ	Warsaw
ベルリン	Berlin
プラハ	Prague
イスタンブール	Istanbul
テヘラン	Teheran
カイロ	Cairo
ナイロビ	Nairobi
アディスアベバ	Addis Ababa
ヨハネスブルグ	Johannesburg
バグダッド	Baghdad
カブール	Kabul
ニューデリー	New Delhi

バンコク	Bangkok
クアラルンプール	Kuala Lumpur
ジャカルタ	Jakarta
マニラ	Manila
カトマンズ	Kat(h)mandu
ハノイ	Hanoi
ホーチミン	Ho Chi Minh City
ヤンゴン	Yangon
台北	Taipei
北京	Beijing
上海	Shanghai
ソウル	Seoul
平壌	Pyongyang
モスクワ	Moscow
ウランバートル	Ulan Bator
ケアンズ	Cairns
ブリスベン	Brisbane
シドニー	Sydney
メルボルン	Melbourne
オークランド	Auckland
ウェリントン	Wellington

仕事（1）… 予定と行事

| 5
THU | 11:00 - 13:00
business lunch w/ Ito-san
14:30 Ishino-san's visit |

会議	meeting / mtg. / conference（公式で規模の大きいもの）/ conf.
部署会議	department meeting / dept. mtg.
企画会議	planning meeting / p-mtg.
編集会議	editorial meeting / editors' meeting / e-mtg.
タイトル会議	title meeting / t-mtg.
打ち合わせ	meeting / mtg.
ビジネスランチ	business lunch
ビジネスディナー	business dinner
商談	business talk
密談	confidential talk
朝礼	morning meeting
早番	early shift
遅番	late shift
夜勤	night shift
深夜勤	graveyard shift
残業	overtime / o/t
直帰	go straight home / go S/H
直行	go directly / go-d.
外回り	visit ~（訪問先）/ outside job
人事異動	internal transfer
出向	temporary transfer
出張	business trip / 行き先だけでも OK

社員旅行	company trip
健康診断	physical
株主総会	stockholders' meeting
昇進試験	promotion test
〜さん来社	〜's visit / 訪問者の名前だけでも OK
プレゼンテーション	presentation
面接	interview
給料日	payday
1日休み	day off
半休	half-day off
午前休み	morning off
午後休み	afternoon off
有給休暇	vacation days
産休	maternity leave
育児休暇	childcare leave
病気療養休暇	sick leave
忌引き	compassionate leave
新年会	New Year's party
忘年会	year-end party
〜さんの歓迎会	〜's welcome party
〜さんの送別会	〜's going-away party
労働組合集会	labor union gathering
研修	training
ISO 検査	ISO inspection
たな卸し	inventory taking
契約交渉	contract negotiation
飲み会	drinking session
接待ゴルフ	golf with 〜（接待客名）
バイト	part-time job / p/t

仕事（2）… やらなければならないこと（動作）

21 WED	☑ fax map to Ueno-san ☐ make agenda ☐ finish report ☐ e-mail Kamei-san & Takano-san

～を提出する	submit ~
～を送る	send ~
～にメールする	e-mail ~
～をメールで送る	e-mail ~
～に携帯メールを送る	text ~
～を郵便で送る	mail ~
～をファックスで送る	fax ~
～を仕上げる	finish ~
～に取り組む	work on ~
～を書き直す	rewrite ~
～に電話する	call ~
～に会う	meet ~
～に知らせる	let ~ know
～を確認する	confirm ~ / check ~
～を予約する	reserve ~
～をキャンセルする	cancel ~
～を延期する	put off ~ / postpone ~
～を手配する	arrange ~
～の準備をする	prepare (for) ~
～を作る	make ~
～を発行する	issue ~
～を計画する	plan ~
～を修理する	fix ~
～を注文[発注]する	order ~
～に…について尋ねる	ask ~ about ….

仕事（3）… やらなければならないこと（もの）

31 MON	★ SALES TARGET 30,000 ★ Yes, I can!

締め切り	deadline
企画書	proposal
見積書	estimate
契約書	contract
稟議書	approval document
報告書	report
中間報告	interim report
年次報告	annual report
決算報告	final accounts report
議題	agenda
苦情処理	take care of complaints
コスト交渉	cost negotiation
プレゼン	presentation
評価シート	evaluation sheet
市場調査	market research
消費者行動調査	consumer behavior research
試験的事業	pilot project
ヒット商品	hit product
販売目標	sales goal / sales target
（～の）設計図	plans for (~)
（～さんの）新刊	(~'s) new book
地震訓練	earthquake drill
株式市場	stock market
Y社との企業合併	merger with Company Y
人員削減	downsizing

日常的な覚え書き

6 MON	go to work 1 hr. earlier ☐ buy red pen ☐ pick up suit

〜を買う	buy 〜
〜を売る	sell 〜
〜を下取りに出す	trade in 〜
〜をオークションにかける	put 〜 up for auction
〜を支払う	pay 〜
〜を送る	send 〜
〜を(有料で)借りる	rent 〜
〜を(無料で)借りる	borrow 〜
〜を貸す	lend 〜
〜を返却する	return 〜
〜を持っていく	take 〜
〜を持ってくる	bring 〜
〜をもらってくる	get 〜
〜に電話する	call 〜
〜にメールする	e-mail 〜

〜に携帯メールを送る	text 〜
〜にファックスを送る	fax 〜
〜に電報を打つ	wire 〜
〜を投函する	mail 〜
〜のコピーをとる	copy 〜
〜を手伝う	help 人 / help with 物
〜を迎えに行く	pick 〜 up
〜を途中で降ろす	drop 〜 off
〜を家まで送る	drive 〜 home
〜を…まで連れて行く	take 〜 to …
〜に立ち寄る	stop by 〜
〜を見送る	see 〜 off
〜を取りに行く	pick 〜 up
〜を読む	read 〜
〜を書く	write 〜
〜を描く	draw 〜（線画）/ paint 〜（絵の具で）
〜を作る	make 〜
〜を修理する	fix 〜
〜を修理に出す	have 〜 fixed

〜を縫う	sew 〜
〜を計画する	plan 〜
〜の用意をする	prepare (for) 〜
荷造りをする	pack
荷物を解く	unpack
〜に…を渡す	hand 人 …
〜に…をあげる	give 人 …
〜を書類で申し込む	apply for 〜
〜に参加する	take part in 〜（スポーツやイベントなど）/ attend 〜（会合や儀式など）
〜を練習する	practice 〜
〜を確認する	check 〜 / confirm 〜
〜時に（家などを）出る	leave at 〜
〜時の電車（に乗る）	〜 train
〜に…のことを話す	tell 人 about …
〜に…について尋ねる	ask 人 about …
〜に…するように頼む	ask 人 to …
〜にお礼の手紙（を書く）	(write) thank-you letter to 〜

引越しですること

21 MON call: power company / gas company / waterworks dept. — change address

引越し屋に連絡する	call mover
ハウスクリーニング業者に依頼する	call house cleaning
見積もりを出してもらう	get estimate
転入届	moving-in notification
住所変更	change address
転校手続き	change schools / transfer
引越しのお知らせを送る	send moved announcement
荷造り	packing
家の不用品を処分する	clean house out
〜に電話で連絡する	call 〜
電力会社	power company
ガス会社	gas company
水道局	waterworks department
大家	landlord
不動産屋	realtor
新聞販売店	newsdealer
牛乳販売店	dairy store
クレジットカード会社	credit card company
保険会社	insurance company
銀行	bank
NTT	NTT
携帯電話会社	cell phone company
プロバイダー	Internet provider
スカパー	SKYPerfecTV!

セール

17 FRI	☆ clearance sale @ ABC STORE (till SUN. 19th)

セール	sale
ビッグセール	blow out sale
店じまいセール	going-out-of-business sale
売り尽くしセール	clearance sale
在庫一掃セール	clearance sale
最終値引きセール	final reduction sale
クリスマス前セール	pre-Christmas sale
プレセール	presale

※一般販売の前に顧客向けに行う特別販売

サマーセール	summer sale
ウィンターセール	winter sale
新学期セール	back-to-school sale
早朝セール	early bird sale
時限セール	time-limited sale
季節はずれ商品特別セール	post season sale
半年に1度の全店セール	storewide semiannual clearance sale
開店1周年セール	1st anniversary sale
25周年セール	silver [25th] anniversary sale
50周年セール	golden [50th] anniversary sale
ガレージセール	garage sale

※不要になった家具や小物などを、自宅のガレージに並べて売るセール(アメリカでは一般的)

料金受取人払郵便

牛込局承認
5425

差出有効期間
平成31年10月
4日まで

(切手不要)

郵便はがき

1 6 2 - 8 7 9 0

東京都新宿区
岩戸町12レベッカビル
ベレ出版

　　　読者カード係　行

お名前		年齢
ご住所　〒		
電話番号	性別	ご職業
メールアドレス		

個人情報は小社の読者サービス向上のために活用させていただきます。

ご購読ありがとうございました。ご意見、ご感想をお聞かせください。

● **ご購入された書籍**

● **ご意見、ご感想**

● **図書目録の送付を**　　　　　　　　　☐ 希望する　　☐ 希望しない

ご協力ありがとうございました。
小社の新刊などの情報が届くメールマガジンをご希望される方は、
小社ホームページ（https://www.beret.co.jp/）からご登録くださいませ。

予約

| **19** SAT | 9:00 hair salon (cut & perm) |

美容院	hair salon
ネイルサロン	nail salon
エステ	beauty treatment salon
顔のお手入れ	facial treatment
まつげパーマ	eyelash perm
アロマテラピー	aroma therapy
リフレクソロジー	reflexology
歯医者	dentist
目医者	eye doctor
接骨医	bonesetter
リハビリ	rehab
カウンセリング	counseling
レストラン	restaurant
ホテル	hotel
カラオケルーム	karaoke
車検	car inspection
個人トレーニング	personal training （yoga, KAATSU training など具体的に書く）

プライベート

| 25 SUN | 2:00 @Hitomi's (trip planning) | Ⓓ forget brochures |

買い物	shopping
～旅行	trip to ~
映画	movie
コンサート	concert
講演会	lecture
ランチ	lunch
ディナー	dinner
カフェ	café
デート	date
お見合い	arranged date
～の結婚式	~'s wedding
ボウリング	bowling
テニス	tennis
カラオケ	karaoke
マージャン	mahjong
ドライブ	drive
サイクリング	cycling / bike riding
集まり	get-together
～と遊ぶ	hang out with ~
美術館	art museum
博物館	museum
水族館	aquarium
遊園地	amusement park

習い事

| 6 THU | 7:30-9:00 salsa | ⓓ forget monthly fee |

英会話	English (conversation)
中国語	Chinese (conversation)
塾	cram school / prep school
お料理教室	cooking lesson
マナー教室	manners lesson
着付け教室	kimono dressing lesson
習字	(Japanese) calligraphy
ピアノ	piano
バイオリン	violin
コーラス	chorus
三味線	shamisen
俳句	haiku (poem)
短歌	tanka (31-syllable Japanese poem)
生け花	flower arranging
茶道	tea ceremony
ゴルフ	golf
テニス	tennis
卓球	table tennis
水泳	swimming
ヨガ	yoga
ピラティス	Pilates
加圧トレーニング	KAATSU training
エアロビクス	aerobics
フラダンス	hula
サルサダンス	salsa

パーティ

> **20 SUN** 6:00 Christmas Party @ Eriko's
> present exchange (up to ¥3,000)
> • pink & black dress
> • black heels

新年会	New Year's party
忘年会	year-end party
同窓会	school reunion
クラス会	class reunion
〜の誕生日会	~'s birthday party
〜の歓迎会	~'s welcome party
〜の送別会	~'s going-away party
〜の結婚式	~'s wedding
〜の結婚披露宴	~'s wedding reception
〜の結婚式二次会	~'s after-wedding party
クリスマスパーティ	Christmas party
びっくりパーティ	surprise party （主役になる人には内緒で企画し、当日驚かせるパーティ）
ハロウィンパーティ	Halloween party
新居開きパーティ	housewarming party
〜の退職記念パーティ	~'s retirement party

バーベキューパーティ	BBQ / barbecue
ディナーパーティ	dinner (party)
ダンスパーティ	dance
持ち寄りパーティ	potluck party （各自一品ずつ料理を持ち寄るパーティ）
お茶会	tea party
ベビーシャワー	baby shower （出産間近の女性に女友達がお祝いの品を持って集まるパーティ）

建物

| 11 WED | mtg w/ Watahiki-san
meet @Iidabashi Station
東口改札口を出たところで（進行方向側） |

保育園	preschool / nursery school
幼稚園	preschool / kindergarten
小学校	elementary school
中学校	junior high school
高校	high school
大学	college
図書館	library
病院	hospital
診療所	clinic
動物病院	animal hospital / vet（獣医）
託児所	day-care center
老人ホーム	nursing home
介護施設	skilled nursing facilities
駅	(train) station
寺	temple
神社	shrine
教会	church
銀行	bank
郵便局	post office
警察署	police station
消防署	fire station
工場	factory
弁護士事務所	lawyer's office
社会保険事務所	social insurance office
ハローワーク	public employment security office

店

```
30
TUE
```
drug store
☐ toilet p.
☐ toothpaste
☐ sunscreen
☐ bleach

デパート	department store
スーパーマーケット	grocery store / supermarket
薬局	drug store / pharmacy
書店	bookstore
靴屋	shoe store
花屋	flower shop / florist's
文房具屋	stationery store
金物屋	hardware shop
写真屋	photo (developing) store
宝石店	jeweler's / jewelry shop
パン屋	bakery
ケーキ屋	cake shop
クリーニング屋	cleaner's
コインランドリー	laundromat
電化製品店	electric appliance store
スポーツ用品店	sporting goods store
喫茶店	coffee shop / café / tearoom
レストラン	restaurant
旅行代理店	travel agency
自動車販売代理店	car dealership
コンビニ	convenience store
酒屋	liquor store
質屋	pawn shop

単語集

ひとこと日記

付録

会社

4 THU	market research make questionnaires ← publisher ← advertising agency

出版社	publishing company / publisher
新聞社	newspaper company
広告代理店	advertising agency
旅行代理店	travel agency
印刷所	printing shop
貿易会社	trading company
証券会社	securities company
保険会社	insurance company
建築会社	construction company
製薬会社	pharmaceutical company
航空会社	airline company
運輸会社	transportation company
デザイン事務所	design office
不動産業者	real estate agent
関連会社	affiliated company
子会社	subsidiary
親会社	parent company
下請け企業	subcontracting company
合弁会社	joint venture

教科

19 FRI	3rd period <u>class change</u> music → English

国語	Japanese
古文	Japanese classics
漢文	Chinese classics
英語	English
英会話	oral communication in English
英文学	English literature
数学	math
代数	algebra
算数	arithmetic
理科	science
物理	physics
生物	biology
化学	chemistry
社会	social studies
地理	geography
歴史	history
政治	politics
経済	economics
音楽	music
体育	P.E.（physical educationの略）
保健体育	health and P.E.
美術	fine arts
家庭科	home economics
道徳	moral education
倫理	ethics

学生の覚え書き

> **20 SAT**　8:00-11:00 club
> (after club) ice cream with Rei-chan

部活	club
試合	game / match

（baseball, basketball…など -ball のつく競技には game を、それ以外の競技や個人競技には match を用いる傾向がある）

練習試合	practice game / practice match
大会	competition
決勝	final
準決勝	semifinals
準々決勝	quarterfinals
ミーティング	meeting
運動会	sports day / PE event day
	（PE は physical education（体育）の略）
文化祭	school festival
社会科見学	field trip
工場見学	factory tour
遠足	school outing
修学旅行	school trip
三者面談	teacher-student-parent meeting
進路説明会	after-graduation plan meeting
入学式	entrance ceremony
始業式	opening ceremony

終業式	closing ceremony
卒業式	graduation ceremony
春休み	spring break
夏休み	summer vacation
冬休み	winter holidays
テスト週間	exam week
半日授業	half day
〜時間目	~ period
宿題をする	do homework
宿題を提出する	hand in homework
テスト勉強をする	study for exams
〜にノートを借りる	borrow ~'s notebook
〜にノートを貸す	lend ~ notebook
補講	supplementary class
（罰として放課後の）居残り	detention
給食なし	no school lunch
お弁当を持っていく	take lunch
高校入試	high school entrance exams
大学入試	university entrance exams
〜とおしゃべり	chat with ~
〜の電話番号を聞く	get ~'s # （# は (phone) number のこと）
〜の家にお泊り	sleepover at ~'s
カギ当番	key
掃除当番	cleaning
学校休み	no school
部活休み	no club

試験

26 MON	F I N A L S	• math • English • music
27 TUE		• fine arts • geography • Japanese
28 WED		• science • P.E. • home economics

中間試験	mid-term exams / midterms
期末試験	final exams / finals
センター試験	national center exams for university admission
模擬試験	practice exam
実力試験	academic ability exam
面接試験	interview (test)
入社試験	employment eligibility exam
体力診断テスト	physical strength and fitness test
抜き打ちテスト	pop quiz
追試験	make-up test
小テスト	quiz
口述テスト	oral test
ヒアリングテスト	listening (comprehension) test
持ち帰りテスト	take-home test

花

> **8 THU** go see wisteria @Hinode Park
> * Ⓓ forget: digital camera

バラ	rose
カーネーション	carnation
ひまわり	sunflower
チューリップ	tulip
ゆり	lily
すずらん	lily of the valley
藤	wisteria
蘭	orchid
花水木	dogwood
カタクリ	dogtooth violet
ボタン	peony
椿	camellia
石楠花（しゃくなげ）	rhododendron
沈丁花（じんちょうげ）	daphne
アザミ	thistle
紫陽花（あじさい）	hydrangea
アヤメ	iris
かすみ草	baby's breath
桔梗（ききょう）	Chinese bellflower
シクラメン	cyclamen
サツキ	azalea
彼岸花	cluster amaryllis
福寿草	adonis
木蓮	magnolia
リラ	lilac

花壇

| **8** WED | *give fertilizer* |

種	seed
苗	young plant
球根	bulb
肥料	fertilizer
土	soil
鉢	pot
プランター	planter
シャベル	scop / shovel
草かき	rake
鍬（くわ）	hoe
竹ぼうき	bamboo broom
ジョウロ	watering can
ホース	hose
耕うん機	cultivator
芝刈り機	lawn mower
草刈り機	weed cutter
剪定ばさみ	shears
一輪車	wheelbarrow

野菜

12 WED	grocery shopping ☐ soy sauce ☐ cheese ☐ eggplant ☐ sugar ☐ chicken ☐ parsley ☐ flour ☐ squid ☐ onion

大根	radish
人参	carrot
かぼちゃ	pumpkin
ほうれん草	spinach
キャベツ	cabbage
白菜	Chinese cabbage
レタス	lettus
たまねぎ	onion
ねぎ	green onion
きゅうり	cucumber
トマト	tomato
プチトマト	cherry tomato
なす	eggplant
ピーマン	green pepper
もやし	bean sprouts
ごぼう	burdock
れんこん	lotus root
オクラ	okra
パセリ	parsley
セロリ	celery
かぶ	Japanese turnip
とうもろこし	corn
じゃがいも	potato
さといも	taro (root)
さつまいも	sweet potato / yam

さまざまな食材

豆腐	tofu
油揚げ	fried bean curd
かまぼこ	kamaboko / steamed fish cake
ちくわ	chikuwa / fish sausage
納豆	natto
こんにゃく	konnyaku
牛乳	milk
たまご	egg
チーズ	cheese
ヨーグルト	yogurt
ゼリー	jelly
プリン	pudding
ウインナー	sausage
ハム	ham
豚肉	pork
牛肉	beef
鶏肉	chicken
豚ひき肉	ground pork
牛ひき肉	ground beef
鮭	salmon
さば	mackerel
ほっけ	Atka mackerel
うなぎ	eel
たらこ	cod roe
辛明太子	spicy cod roe
ちりめんじゃこ	boiled baby sardines

イカ	squid
タコ	octopus
のり	seaweed
ふりかけ	furikake
つけもの	pickles
菓子	snacks
お茶の葉	tea leaves
コーヒー	coffee
米	rice
小麦粉	flour
そば	buckwheat noodle
うどん	udon noodle
そうめん	somen / thin noodle
カップラーメン	instant ramen
春巻きの皮	spring roll wrapper
餃子の皮	dumpling wrapper
冷凍コロッケ	frozen croquette
惣菜	prepared dishes
缶詰のフルーツ	canned fruit
小倉あん	azuki paste
食パン	bread
ロールパン	roll
ベーグル	bagel
クロワッサン	croissant
イチゴジャム	strawberry jam（果肉の入っていないものは jelly）
マーマレード	marmalade
バター	butter
マーガリン	margarine

調味料

砂糖	sugar
塩	salt
こしょう	pepper
唐辛子	red pepper
からし	mustard
わさび	horseradish
しょうが	ginger
だし粉	broth powder
酒	sake
みりん	mirin
酢	vinegar
しょうゆ	soy sauce
たまりじょうゆ	thick soy sauce
ソース	Worcester sauce
オイスターソース	oyster sauce
マヨネーズ	mayonnaise
油	oil
ラード	lard
ナツメグ	nutmeg
ローリエ	bay-leaf
バジル	basil
ショートニング	shortening
ベーキングパウダー	baking powder
みそ	miso / soy paste
ごま	sesami

日用必需品

5 MON	☐ sponge ☐ dish detergent ☐ rubber gloves

洗濯洗剤	washing detergent
柔軟剤	softener
漂白剤	bleach
せっけん	soap
シャンプー	shampoo
リンス	conditioner
ヘアトリートメント	hair pack
綿棒	Q-Tip
歯ブラシ	toothbrush
歯磨き粉	toothpaste
ティッシュ	tissue / Kleenex
トイレットペーパー	toilet paper
台所用洗剤	dish detergent
たわし	scrub brush
軽石	pumice (stone)
スポンジ	sponge
サランラップ	Saran wrap
アルミホイル	aluminum foil
目薬	eye drops / eye lotion
パイプクリーナー	pipe cleaner
消臭剤、エアフレッシュナー	air freshener
ゴム手袋	rubber gloves
ビニール袋	plastic bag
つめ切り	nail clipper
靴べら	shoehorn

台所用品

30 FRI	・BOOKSTORE ・HOME MART *check coffee maker & coffee grinder

まな板	cutting board
包丁	kitchen knife
玉じゃくし	(soup) ladle
網じゃくし	skimmer
(ゴム)べら	(rubber) spatula
フライ返し	turner
鍋	pot
大型鍋	stewpot
中華鍋	wok
フライパン	frying pan
電子レンジ	microwave oven
トースター	toaster
やかん	kettle
はかり	scales
缶切り	can opener
コルク抜き	corkscrew
コーヒーメーカー	coffee maker
コーヒー豆挽き機	coffee grinder
ミキサー	mixer / blender
泡だて器	whisk
こし器	strainer

（野菜などの）おろし金	grater
（チーズの）おろし金	box grater
ホットプレート	electric hotplate
炊飯器	rice cooker
ざる	strainer
ふきん	dish towel / dishrag
三角コーナー	sink-corner strainer
箸	chopsticks
ナイフ	knife
バターナイフ	butter knife
フォーク	fork
スプーン	spoon
ナプキン	(table) napkin
平皿	plate
スープ皿	soup plate / deep plate
ふた付きスープ入れ	(soup) tureen
茶碗	rice bowl
どんぶり	bowl
小鉢	small bowl
グラス	glass
コーヒーカップ	coffee cup
カップ用の皿	saucer
細口で取っ手付きのかめ	jug
（船形の）ソース入れ	sauce boat
シャンパングラス	champagne glass
ワイングラス	wineglass

電化製品

14 SAT	SAITO DENKI − humidifier (buy) − washer (check)

テレビ	TV
ラジオ	radio
コンピューター	computer
プリンター	printer
ステレオ	stereo
洗濯機	washer
乾燥機	dryer
冷蔵庫	fridge / refrigerator
ドライヤー	blower / blow-dryer
マッサージチェア	massage chair
電話機	telephone
ファックス機	fax (machine)
携帯電話	cell phone / mobile phone
コピー機	copier / copy machine
加湿器	humidifier
除湿機	dehumidifier
ヒーター	heater
冷暖房	air conditioner
扇風機	electric fan
電気カーペット	electric carpet
ストーブ	heater
カメラ	camera
デジタルカメラ	digital camera
電子辞書	electronic dictionary

赤ちゃん用品

| 31 SUN | find stroller for Yukiko |
| | 出産祝い |

粉ミルク	baby formula
哺乳瓶	baby bottle
離乳食	baby food
よだれかけ	bib
おむつ	diapers
おしり拭き	wipes
ベビーパウダー	baby powder
ベビーオイル	baby oil
ベビーソープ	baby soap
体温計	thermometer
ゆりかご	(bouncing) cradle
赤ちゃん用携帯ベッド	portacrib（両脇に取っ手がついたタイプ）
ベビーバス	baby bath
（子どもの食事用の）イス	high chair
（0歳児用の）棚で囲った遊び場	play pen
乳母車	baby buggy
チャイルドシート	car seat
ベビーカー	stroller
新生児用かご型ベッド	bassinet
ガラガラ（赤ちゃんのおもちゃ）	rattle
つみき	(building) blocks

衣類

15 TUE	shopping find suit for Hinano's entrance ceremony

T シャツ	T-shirt
ワイシャツ	(dress) shirt
ブラウス	blouse
チュニック	tunic (top)
セーター	sweater
ノースリーブ	sleeveless
キャミソール	camisole
タンクトップ	tank top
ワンピース	(one-piece) dress
ジャケット	jacket
コート	coat
毛皮のコート	fur coat
スカート	skirt
プリーツスカート	pleated skirt
パンツ	pants
ジーンズ	jeans
オーバーオール	overalls
ショートパンツ	shorts
スーツ	suit
イブニングドレス	evening gown
ネクタイ	tie
下着	underwear
靴下	socks
ストッキング	pantyhose
エプロン	apron

アクセサリー

24 SAT	(Shinjuku) dad's present　tiepin? belt? tie?

ネックレス	necklace
指輪	ring
ブレスレット	bracelet
アンクレット	anklet
イヤリング	clip-on earrings（クリップタイプ） pierced earrings（ピアス）
（ブレスレットやネックレスにつける）飾り	charm
腕時計	watch
懐中時計	pocket watch
カチューシャ	headband
バレッタ	barrette
タイピン	tiepin
ブローチ	brooch
ベルト	belt
サスペンダー	suspenders
マフラー	scarf
ストール	stole
スカーフ	scarf
カフスボタン	cuff
帽子	hat / cap
バッグ	bag
ハンドバッグ	purse / handbag
靴	shoes
ハイヒール	(high) heels
サンダル	sandals

化粧品

| 7 FRI | get advice on eye shadow makeup |

化粧水	skin lotion / face lotion
美容液	milky lotion
保湿クリーム	moisturizing cream
リンクルローション	wrinkle lotion
アフターシェーブローション	after-shave lotion
洗顔クリーム	cleansing cream
リキッドファンデーション	liquid foundation
パウダーファンデーション	powder foundation
ほお紅	blusher
口紅	lipstick
リップ	lip balm
アイシャドウ	eye shadow
まゆずみ	eyebrow pencil
マスカラ	mascara
アイライナー	eye liner
油とり紙	blotting paper
毛穴カバークリーム	pore-cover cream
日焼け止め	sunscreen
ボディクリーム	body lotion
香水	fragrance
デオドラントスプレー	deodorant spray

文具

19 SAT
Buy things for New Year's cards
- black pen × 2
- whiteout
- stamp（数種類）
- inkpad（数色）
- glitter

鉛筆	pencil
色鉛筆	color pencil / colored pencil
シャープペンシル	mechanical pencil
ペン	pen
ボールペン	ballpoint pen
万年筆	fountain pen
消しゴム	eraser
じょうぎ	ruler
三角じょうぎ	triangle
ぶんどき	protractor
コンパス	compasses
ホチキス	stapler
ホチキスの針	staples
のり	glue
セロハンテープ	Scotch tape
修正液	whiteout
はさみ	scissors
カッターナイフ	cutter
クリップ	(paper) clip
付箋紙	Post-it / sticky (note)
メモ帳	memo pad
ノート	notebook
封筒	envelope
便箋	letter paper
画びょう	thumbtack / tack

楽器

| 10 FRI | Ⓓ forget TICKET
6:30 violin concert
@ Rainbow Kaikan（6:00 開場） |

ピアノ	piano
オルガン	organ
電子オルガン	electronic organ
シンセサイザー	synthesizer
チェンバロ	harpsichord
バイオリン	violin
チェロ	cello
コントラバス	double bass / contrabass
ハープ	harp
ギター	guitar
三味線	shamisen
琴	koto
トランペット	trumpet
サキソフォン	sax (ophone)
トロンボーン	trombone
アコーディオン	accordion
木琴	xylophone
鉄琴	glockenspiel
太鼓	Japanese drum
ピアニカ	Pianica
カスタネット	castanets
トライアングル	triangle
マラカス	maracas
タンバリン	tambourine

乗り物

| **11** WED | business trip to Osaka 6:21 bullet train |

自動車	car
四駆車	four-wheel drive (car)
オープンカー	convertible
ワゴン車	station wagon
貨物自動車	van
トラック	truck
タクシー	taxi / cab
バス	bus
電車	train
新幹線	bullet train / Shinkansen
飛行機	(air) plane
ヘリコプター	chopper / helicopter
パトカー	police car
白バイ	police motorcycle
船	ship
ヨット	sailboat
クルーザー	(cabin) cruiser
オートバイ	motorcycle
スクーター	scooter
自転車	bike / bicycle
一輪車	unicycle
三輪車	tricycle

生き物

| 29 SUN | Minamiyama Zoo with grandchildren
*take (tiger) pictures |

イヌ	dog
ネコ	cat
サル	monkey
ゾウ	elephant
トラ	tiger
ライオン	lion
ウシ	cow / cattle
ウマ	horse
シマウマ	zebra
シカ	deer
トナカイ	reindeer
キリン	giraffe
クマ	bear
ホッキョクグマ	polar bear / white bear
ラクダ	camel
ラマ	llama
アルパカ	alpaca
ロバ	donkey
ラバ	mule
パンダ	panda
レッサーパンダ	lesser panda

ブタ	pig
イノシシ	boar
サイ	rhinos
カンガルー	kangaroo
ワラビー	wallaby
コアラ	koala
ヒツジ	sheep
ヤギ	goat
オオカミ	wolf
ヒョウ	leopard
チーター	cheetah
リス	squirrel
モモンガ	flying squirrel
ウサギ	rabbit
タヌキ	raccoon dog
アライグマ	raccoon
イタチ	weasel
モグラ	mole
ハムスター	hamster
アザラシ	seal
ラッコ	sea otter
イグアナ	iguana
イルカ	dolphin
クジラ	whale
シャチ	killer whale
ジュゴン	dugong
マナティー	manatee

トンボ	dragonfly
バッタ	grasshopper
カマキリ	(praying) mantis
コオロギ	cricket
スズムシ	suzumushi / "bell-ringing" cricket
カミキリムシ	longhorn
カブトムシ	beetle
クワガタムシ	stag beetle
テントウムシ	ladybug
カナブン	kanabun / small beetle
コガネムシ	goldbug / gold beetle
セミ	cicada
チョウ	butterfly
ガ	moth
ハチ	bee
スズメバチ	wasp
ホタル	firefly
アリ	ant
シロアリ	white ant / termite
ゴキブリ	cockroach
ハエ	fly
カ	mosquito

カラス	crow
オウム	parrot
インコ	parakeet
キュウカンチョウ	(hill) myna(h)
メジロ	white-eye
ツグミ	thrush
スズメ	sparrow
ツバメ	(barn) swallow
モズ	shrike
ムクドリ	starling
キジ	pheasant
ふくろう	owl
カワセミ	kingfisher
カモ	duck
クジャク	peacock
フラミンゴ	flamingo
ペリカン	pelican
ペンギン	penguin
ツル	crane
タンチョウヅル	red-crested white crane
タカ	hawk
ワシ	eagle
ハヤブサ	falcon
ダチョウ	ostrich
ニワトリ	chicken
ウズラ	quail

部屋にある物

| 1 SAT | ABC Furniture
・lamp　　　　} budget
・coffee table　} ¥10,000 |

机	desk
コーヒーテーブル	coffee table
テーブル	table
イス	chair
マッサージチェア	massage chair
ベッド	bed
まくら	pillow
鏡	mirror
本棚	bookshelf
マガジンラック	magazine rack
ソファ	sofa
ランプ	lamp
花瓶	vase
写真	picture / photo
写真たて	photo frame
絵画	picture / painting
カレンダー	calendar
置きもの	ornament
カーテン	curtain
宝石箱	jewel box
かけ時計	clock
目覚まし時計	alarm clock
電話	phone / telephone
ステレオ	stereo

手帳で使える単語集

色

| 7 SUN | shopping | purple stole いいのがあれば 購入 |

赤	red
ワインレッド	burgundy
ピンク	pink
青	blue
水色	light blue
紺色	navy blue
緑	green
黄緑	yellowish green
エメラルドグリーン	emerald green
コバルトブルー	cobalt blue
青紫	violet
赤紫	purple
オレンジ	orange
黄色	yellow
黄土色	ocher
茶色	brown
こげ茶色	dark brown
ベージュ色	beige
灰色	gray
金色	gold
銀色	silver
白	white
黒	black

単語集

ひとこと日記

付録

模様

| 24 SUN | MORIYA
・fabric-polka dots　(1.5m)
・fastener　(50cm) |

花柄	floral print
縦しま	vertical stripes
横しま	horizontal stripes
水玉模様	polka dots
アニマル柄	animal-pattern
ヒョウ柄	leopard (pattern)
ペイズリー模様	paisley (pattern)
アーガイル	Argyle
千鳥格子	hound's tooth (check)
幾何学模様	geometric (pattern)
チェック	check
タータンチェック	tartan
ハート	heart
星	star
くねくねした模様	wriggle
うね織り模様	ribbing
はでな柄	loud pattern / showy pattern
流行柄	pattern in fashion

待ち合わせを表す前置詞

> **18 THU**
> meet Kanae
> inside ABC Bookstore
> between 6:30 and 7:00

【場所】
～で	at ~
～の中で	in ~ / inside ~
～の外で	outside ~
～の前で	in front of ~
～の近くで	near ~
～の隣で	next to ~
～の向かい側で	opposite (from) ~
～と…の間に	between ~ and …

【時刻】
～に	at ~
～頃	around ~
～より前に	before ~
～以降に	after ~
～から…まで	from ~ to …
～までに	by ~
～まで	until ~ / till ~
～と…の間に	between ~ and …

手帳に書き込む
"ひとこと日記"

ここでは、手帳に書き込む
"ひとこと日記"に便利な表現をご紹介します。
特に予定のない日は、
その日のできごとを簡単な日記として
書いておくのも手です。また、既に書き込んで
ある予定の横にその感想を添えてもいいですね。
手帳の空いたスペースを
"ひとこと日記"で埋めてみましょう。

※表記については、「本書の英語表現に関するお断り」(p.27)をご覧ください。

PART 1
書きたいことを構文から探す

行った場所

went to ▢　　　　▢ に行った

実家	my parents' house
ユウコの家	Yuko's house
映画	the movies
カラオケ	karaoke
スポーツクラブ	the gym
カフェ	a café
園遊会	a garden party
郵便局	the post office
銀行	the bank
病院	the hospital
市役所	the city hall
息子の高校	my son's high school
モネ展	a Monet exhibition
オザキ氏の写真展	Mr. Ozaki's photo exhibition
スーパーマーケット	the supermarket / the grocery store
車のディーラー回り	some car dealerships
旅行代理店	a travel agency
ゴルフ練習場（打ち放し）	the driving range
自動車教習所	the driving school

少し詳しく書いてみる

went to a café **with Akiko**（アキコとカフェに行った）
went to M's kitchen **for lunch**（昼食に M's キッチンへ行った）
went to the a bookstore **on the way home**（帰宅途中、本屋に行った）

96

PART 1　書きたいことを構文から探す

-ing 形を使った娯楽

went ___ ing　　___ に出かけた / をした

買い物	shopping
食料品の買出し	grocery shopping
ジョギング	jogging
サイクリング	bike riding
スキー	skiing
クロスカントリー・スキー	cross-country skiing
スノーボード	snowboarding
エアボード	airboading
スケート	ice-skating
サーフィン	surfing
水泳	swimming
スカイダイビング	skydiving
スキューバダイビング	scuba diving
パラセーリング	parasailing
ハイキング	hiking
キャンプ	camping
トレッキング	trekking
乗馬	horseback riding
釣り	fishing
ボウリング	bowling

少し詳しく書いてみる

went shopping in Ginza（銀座へ買い物に出かけた）
went snowboarding at Naeba（苗場にスノーボードに出かけた）
went bowling for the first time in 6 years（6年ぶりにボウリングをした）

買ったもの

bought ☐ を買った
※ got も可

ジーンズ	jeans
マフラー	a scarf
ハンドバッグ	a purse
便箋	letter paper
デジカメ	a digital camera
老眼鏡	reading glasses
（スノー）ボード	a snowboard
ホームベーカリー	a bread-baker
工具一式	a tool kit
二段ベッド	bunk beds
誕生日プレゼント	a birthday present
トマトの苗	tomato seedlings
高級チョコ	high-quality chocolate
スリッパを6足	six pairs of slippers
ファッション誌を2冊	two fashion magazines
中古のロレックス	a used Rolex (watch)
かわいい手帳	a cute datebook
パソコンをもう1台	another computer
コブクロの最新アルバム	Kobukuro's latest album

少し詳しく書いてみる

bought a humidifier for 7,800 yen（7800円で加湿器を買った）
bought a magazine rack by mail (order)（通販でマガジンラックを買った）
bought perfume on the Internet（インターネットで香水を買った）
bought a birthday present for Hideyuki（ヒデユキの誕生日プレゼントを買った）

PART 1 書きたいことを構文から探す

偶然に会った人

ran into 　　　　　　　　　偶然 ◻︎ に会った

ミワコさん	Miwako / Miwako-san
ヒロシくん	Hiroshi / Hiroshi-kun
オノダ先生	Ms. Onoda（女性）/ Mr. Onoda（男性）/ Onoda-sensei
おじ	my uncle
おば	my aunt
隣の人	my next-door neighbor
近所の人	a neighbor
知り合い	an acquaintance
同僚	a co-worker
上司	my boss
旧友	an old friend / a longtime friend
同級生	a classmate
高校時代の同級生	a classmate in high school
中学時代の友だち	a friend in junior high school
アユのご主人	Ayu's husband
会社の受付の人	the receptionist of my company
Cantina のオーナー	the owner of Cantina
よく行く本屋の店員	a clerk at the bookstore I often go to

少し詳しく書いてみる

ran into Yuki at XYZ Mart（XYZ Mart で偶然ユキに会った）
ran into Onoda-sensei in Shinagawa（品川で偶然オノダ先生に会った）
ran into a neighbor while out for a walk（散歩中に偶然近所の人に会った）
ran into Mr. Ito again!（また偶然イトウさんに会った）
ran into Tomo two weeks in a row（2 週連続で偶然トモに会った）

あげたもの

gave 人　　　　　　　□ に □ をあげた

【人】
サトミ	Satomi
子どもたち	my children
姪	my niece
妻	my wife
両親	my parents
おじいちゃん	my grandfather / my grandpa
何人かの友だち	some friends
男性の同僚	my male co-workers
ケイゴの息子	Keigo's son

【物】
名刺入れ	a card case
マグカップ	a mug
ニット帽	a knit cap
義理チョコ	giri-choco
ネックレス	a necklace
マッサージチェア	a massage chair
お年玉	New Year's money / otoshidama
お菓子	some snacks
図書カード	book cards

少し詳しく書いてみる

gave Sayaka a leather card case as a birthday present
（誕生日プレゼントとしてサヤカに革の名刺入れをあげた）

gave Hitoshi a fountain pen to celebrate his graduation
（卒業祝いにヒトシに万年筆をプレゼントした）

もらったもの

got ____ from 人   ____ に ____ をもらった

【物】
ワイン	wine
クッキー	cookies
花束	a bouquet
手紙	a letter
映画のチケットを2枚	two movie tickets
商品券	gift certificates / gift coupons
携帯灰皿	a portable ashtray
化粧水のサンプル	skin lotion samples
カナダのお土産	a present from Canada

【人】
カオル	Kaoru
彼氏	my boyfriend
彼女	my girlfriend
母	my mother / my mom
姉	my sister
お客さん	a customer
生徒のお母さん	a student's mother
同僚	a co-worker
パリにいるいとこ	my cousin in Paris

少し詳しく書いてみる

got a bouquet from my husband for the first time
(はじめて主人に花束をもらった)

got some cookies from a customer for my birthday
(誕生日にお客さんからクッキーをいただいた)

食べたもの、飲んだもの

had ▢ ▢ を食べた・飲んだ

和食	Japanese food
中華料理	Chinese dishes
サンドイッチ	a sandwich
パニーニ	a panini
プーティン	poutines
ピロシキ	a piroshky
ラーメン	ramen
おやき	oyaki
日替わりランチ定食	the daily lunch special
ケーキセット	a cake set
朝食	breakfast
遅い朝食 / 早い昼食	brunch
昼食	lunch
夕食	dinner
夜食	midnight snacks
食べ放題の昼食	an all-you-can-eat lunch
母の手料理	my mother's home cooking
コーヒー	coffee
紅茶	tea / black tea / English tea
日本酒	(Japanese) sake

少し詳しく書いてみる

had oyaki **in Nagano** (長野でおやきを食べた)
had udon **for lunch** (昼食にうどんを食べた)
had lunch **with Kamei-san** (カメイさんと昼食をとった)
had some homemade cookies **at Ayako's** (アヤコの家で手作りのクッキーをいただいた)

作ったもの

made ／ ▢ を作った

本棚	a bookshelf
犬小屋	a dog house
巾着袋	a drawstring bag
化粧ポーチ	a makeup bag
ワンピース	a dress
携帯ストラップ	a cell phone strap
レアチーズケーキ	a no-bake cheesecake
マキのお弁当	Maki's lunch
シャーベット	sherbet
フルーツジュース	fruit juice
友だち	friends
茶わん	a bowl
店のウェブサイト	my shop's website
自分のホームページ	my own homepage
短編映画	a short movie
文書	documents
プレゼン用の書類	the documents for the presentation
バースデーカード	a birthday card
オリジナルの香水	my own perfume

単語集 ひとこと日記 付録

少し詳しく書いてみる

made a ring with beads（ビーズで指輪を作った）
made a bowl on a potter's wheel（ろくろを回して茶碗を作った）
made pajamas on a sewing machine（ミシンでパジャマを作った）
made some friends at the social gathering（親睦会で何人かと友達になった）
made sesame dressing from a recipe（レシピを見ながらゴマドレッシングを作った）

し忘れたこと

forgot to ▯   　　▯ するのを忘れてしまった

レイコに電話する	call Reiko
手紙を投函する	mail the letter
お礼状を書く	write a thank-you letter
トモヤにメールを返信する	reply to Tomoya's e-mail
ブログを更新する	update my blog
酢を買う	buy vinegar
携帯を充電する	charge my cell phone battery
締め切りを尋ねる	ask about the deadline
クリーニングを取りに行く	pick up my laundry
マサミにメモを手渡す	hand Masami the note
本を返す	return the books
領収書をもらう	get the receipt
名刺を注文する	order my (business) cards
電気を消す	turn off the light
ガスの元栓をしめる	turn off the gas at the main
ドアの鍵をかける	lock the door
ケーキに砂糖を入れる	put sugar in the cake
薬を飲む	take medicine
基礎体温を測る	take my basal body temperature

少し詳しく書いてみる

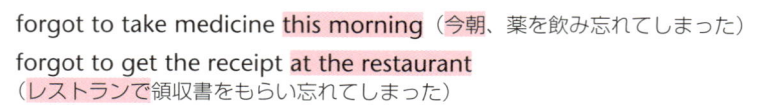

forgot to take medicine this morning（今朝、薬を飲み忘れてしまった）

forgot to get the receipt at the restaurant
（レストランで領収書をもらい忘れてしまった）

forgot to turn off the gas at the main again!
（また、ガスの元栓を閉め忘れちゃった！）

PART 1　書きたいことを構文から探す

なくしたもの、見つけたもの

lost ＿＿＿＿＿　　＿＿＿＿をなくしてしまった
found ＿＿＿＿　　＿＿＿＿が見つかった／～を見つけた

財布	my wallet
5千円	5,000 yen
電車の定期券	my train pass
切符	the ticket
パスポート	my passport
USB	my USB
レシピ	the recipe
つめ切り	the nail clipper
家のカギ	my house key
通帳	my bankbook
キャッシュカード	my ATM card
印鑑	my personal seal
コンタクト（片方）	a contact / a contact lens
ケイコのペン	Keiko's pen
ペンのキャップ	the pen cap
コンサートチケット	the concert ticket
ヤマダさんの電話番号	Mr. Yamada's phone number
ナカノさんの名刺	Nakano-san's card

少し詳しく書いてみる

lost the ticket on the bus（バスで切符をなくした）
lost my wallet while shopping（ショッピングに出かけたとき、財布をなくした）
found my USB under the table（机の下でUSBを見つけた）

必要性のあること

need to　　　　　しないといけない

髪を切る	get a haircut
英語をしっかり勉強する	study English hard
運動をする	do some exercise
健康診断を受ける	get a physical
正しい食生活を送る	eat right
もっと繊維質を摂る	take more fiber
ダイエットをする	go on a diet
貯金をする	save money
口座を解約する	cancel my account
部屋を掃除する	clean my room
庭の草取りをする	weed my garden
息子に5万円送る	send my son 50,000 yen
自分に自信を持つ	be confident in myself
年賀状を買う	get New Year's cards
年賀状を書く	write my New Year's cards
タバコを減らす	cut down on smoking
出費を減らす	cut down on spending
運転免許証を更新する	renew my driver's license
車の保険料を払う	pay the car insurance premium
タイヤ交換をする	change tires
ミシンを修理に出す	have my sewing machine fixed

少し詳しく書いてみる

need to save money to buy a house
（一戸建てを買うために節約しないといけない）

need to renew my driver's license by July 10
（7月10日までに運転免許証を更新しないといけない）

PART 1 書きたいことを構文から探す

したいこと

want to ＿＿＿　　＿＿＿したい

休みを取る	take a day off
休暇を取る	take a vacation
仕事を辞める	quit my job
昇進する	get a promotion
昇給する	get a raise
フリーで働く	work freelance
本社に転勤する	transfer to the headquarters
逃げ出す	run away
海外旅行をする	go abroad
犬を飼う	have a dog
金持ちになる	be rich
10キロ痩せる	lose 10kg
一人暮らしをする	live alone
結婚する	get married
離婚する	get divorced
ヒロと別れる	break up with Hiro
もっと寝る	get more sleep
話し上手になる	be a good speaker
鼻を高くする	get a nose job
スポーツカーに乗る	have a sports car
駅の近くに引っ越す	move to a place near the station

少し詳しく書いてみる

want to run away **from reality**（現実から逃げ出したい）

want to break up with Hiro **as soon as possible**（すぐにでもヒロと別れたい）

want to start my own business **in 3 years**
（**3年後には**自分のビジネスを始めたい）

107

意思に反してしたこと

ended up 〔　　　〕　　　結局〔　　　〕してしまった

食べ過ぎる	eating too much
買い過ぎる	buying too much
たくさんお金を使う	spending a lot of money
残業する	working overtime
朝食を抜かす	skipping breakfast
パチンコに行く	going to the pachinko parlor
遅く帰宅する	coming back home late
終電に乗り遅れる	missing the last train
タクシーで帰る	coming back home by taxi
何もしない	doing nothing
1日中テレビを見る	watching TV all day
1日中ゴロゴロする	lying around the house all day
徹夜する	staying up all night
3時過ぎに寝る	going to bed after 3:00 a.m.
コタツで寝る	sleeping in my kotatsu
歯を磨かずに寝る	going to sleep without brushing my teeth
昼頃まで寝ている	getting up around noon
同僚と飲みに行く	going for a drink with co-workers
イグチさんの言いなりになる	obeying what Iguchi-san said
言いたいことが言えない	being unable to say what I wanted to say

少し詳しく書いてみる

ended up missing the last train thanks to Ken
（結局、ケンのせいで終電に乗り遅れてしまった）

ended up eating too much again at the all-you-can-eat
（結局、食べ放題でまた食べ過ぎてしまった）

PART 1　書きたいことを構文から探す

単語集

ひとこと日記

付録

PART 2
書きたいことをテーマから探す

睡眠、起床

早く寝た	went to bed early
遅く寝た	went to bed late
1時ごろ寝た	went to sleep around 1:00
徹夜した	stayed up all night
遅くまで起きていた	stayed up late
遅くまで寝ていた	slept late in the morning
5時半に目が覚めた	woke up at 5:30
8時ごろ起きた	got up around 8:00
いつもより早く起きた	got up earlier than usual
6時間寝た	slept for six hours
ぐっすり寝た	slept like a log
あまり寝ていない	didn't get much sleep
なかなか寝付けなかった	took long to fall asleep
夜中に数回目が覚めた	woke up a few times during the night
昼寝をした	took a nap

寝過ごしてしまった	overslept
一睡もできなかった	couldn't sleep a wink
一日中あくびをしていた	yawned all day
会議中にうとうとしてしまった	nodded off in the meeting
何もせずゴロゴロして過ごした	lay around doing nothing
1日中眠かった	drowsy all day
睡眠不足だ	need more sleep
悪い夢を見た	had a bad dream
ジェニファー・アニストンが夢に出てきた	Jennifer Aniston appeared in my dream
寝違えた	woke up with a crick in my neck
主人が悪夢にうなされていた	my husband was troubled with a nightmare
妻が睡眠中に歯ぎしりをしていた	my wife ground her teeth in her sleep
息子が寝言を言っていた	my son talked in his sleep

通勤、通学

6時38分の電車に乗った	took the 6:38 train
バスに乗り遅れた	missed the bus
電車が30分遅れた	the train was 30 minutes late
自転車がパンクした	my bike got a flat tire
母に駅まで送ってもらった	had my mom take me to the station
娘が車で迎えに来てくれた	my daughter picked me up
仕事に遅刻した	late for work
ぎりぎり学校に間に合った	barely made it to school on time
満員電車はイヤだ	hate those packed trains
交通渋滞に巻き込まれた	got caught in traffic
(電車の) 定期券を忘れた	forgot my train pass
仕事に行く途中、ずぶぬれになった	got soaked (to the skin) on the way to work
帰宅途中で一杯やった	had a drink on the way home
学校の帰りに、マクドナルドに行った	went to McDonald's after school

見たもの、聞いたもの、読んだもの

テレビを見た	watched TV
DVDを見た	watched a DVD
映画を見た	saw a movie（映画館で） watched a movie（家で）
花火を見た	watched the fireworks show
昼ドラが見られなかった	missed today's soap
テレビで「ノッティングヒルの恋人」を見た	watched "Notting Hill" on TV
ラジオを聞いた	listened to the radio
1日中iPodを聞いた	listened to my iPod all day
ドリカムのアルバムを聞いた	listened to a Dreams Come True album
オバマ大統領の就任演説をCDで聞いた	listened to President Obama's inaugural address on CD
新聞を読んだ	read a (news)paper
「恋は邪魔者」を読んだ	read "Down with Love"
ネットでニュースを読んだ	read news on the Internet
美容院でファッション雑誌を3冊読んだ	read 3 fashion magazines at the beauty salon

家事

部屋の掃除をした	cleaned my room
家の掃除をした	cleaned my house
部屋に掃除機をかけた	vacuumed my room
床をふいた	wiped the floor with a rag
床にワックスをかけた	waxed the floor
換気扇を洗った	washed the ventilator
カーテンを洗った	washed the curtains
洗濯をした	did the laundry
たくさん洗濯をした	did a lot of laundry
ふとんを干した	aired out the futon
シーツを取り替えた	changed the sheets
風呂(浴槽)を洗った	washed the bathtub
夕食を作った	made dinner
皿洗いをした	did the dishes
母の手伝いをした	helped my mother

庭仕事

カンパニュラの種をまいた	planted campanula seeds
ヒヤシンスの球根を植えた	planted hyacinth bulbs
寄せ植えを作った	made a container garden
肥料をやった	spread fertilizer
我が家の梅の木が芽を出した	my ume tree began to bud
我が家のチューリップが咲き始めた	my tulips started to bloom
花壇の草取りをした	weeded my flower bed
庭の草取りをした	weeded my garden （花園や菜園など） weeded my yard （家の周囲の庭）
除草剤をまいた	sprayed a weed-killer
庭木の剪定をした	pruned my yard trees
生垣を刈り込んだ	trimmed my hedge
花木に水をやった	watered my flowers and trees
歩道に水をまいた	watered the sidewalks

体調

体がだるい	feel sluggish
憂うつだ	feel gloomy
風邪を引いた	have a cold
(微／高) 熱がある	have a (slight / high) fever
鼻水が出る	have a runny nose
くしゃみが止まらない	can't stop sneezing
咳が出る	have a cough
のどが痛い	have a sore throat
耳鳴りがする	have a ringing in my ears
目がしょぼしょぼする	have bleary eyes
花粉症になった	developed hay fever
お腹が痛い	have a stomachache
頭痛がする	have a headache
腰が痛い	have a (lower)backache
歯が痛い	have a toothache
二日酔いだ	have a hangover

下痢だ	have diarrhea
便秘だ	have constipation
生理痛だ	have cramps
筋肉痛だ	have sore muscles
ひざが痛い	have a pain in my knees
左足首を捻挫した	sprained my left ankle
ぎっくり腰になった	strained my back
発疹が出た	got a rash
時差ぼけだ	have jetlag
食欲がない	have no appetite
ストレスがたまっている	stressed out
医者に診てもらった	saw a doctor
注射をうってもらった	got an injection
抗生物質をもらった	got antibiotics
痛み止めの処方箋を出してもらった	got a prescription for a painkiller
薬を飲んだ	took some medicine
薬が効かない	the medicine doesn't work

ダイエット、健康

最近、食べすぎだ	eating too much lately
ぽっこりお腹になってきた	getting a spare tire
運動しないといけない	need some exercise
体を鍛えないといけない	need to work out
ダイエットしなきゃ	need to go on a diet
塩分を控えなきゃ	need to cut down on salt
たばこをやめるべきだ	better quit smoking
メタボ予備軍だ	have pre-metabolic syndrome
この脂肪、何とかしなきゃ	need to get rid of this fat
体脂肪は32パーセント	body fat percentage -- 32%
体重は54キロ	weight -- 54kg
バナナダイエット中	on banana diets
ダイエット10日目	diet – 10th day
1週間で1キロ痩せた	lost 1kg in a week
あと2キロ痩せたい	want to lose 2 more kilos

PART 2　書きたいことをテーマから探す

理想の体重より５キロオーバー	5kg over the ideal weight
ヨガを始めた	took up yoga
バランスボールを買った	bought a stability ball
スポーツクラブに行った	went to the gym
散歩した	walked
ジョギングをした	jogged
１時間泳いだ	swam for an hour
10000歩、歩いた	walked 10000 steps
バランスの取れた食事を心がけている	trying a balanced diet
サプリメントが必要かな？	need dietary supplements?
食べすぎはダメ！	Don't eat too much!
飲みすぎない！	Don't drink too much!
よく噛むこと！	Chew well!
毎日２リットルの水を飲むこと！	Drink 2 liters of water every day!

うれしいできごと

カヨコが男の子を出産した	Kayoko gave birth to a boy
イワセくんが退院した	Iwase-kun left the hospital
ボーナスをもらった	got a bonus
孫が遊びに来た	my grandchildren came over
昼食代が浮いた	saved on the cost of lunch
着物を着た	wore a kimono
ナオにデートに誘われた	Nao asked me out
彼氏ができた	got a boyfriend
カナが婚約した	Kana got engaged
レイコに赤ちゃんができた	Reiko is expecting
空港で藤原紀香を見かけた	saw Norika Fujiwara at the airport
髪型を褒められた	got a compliment on my hairstyle
目をつけていたバッグが半額だった	the bag I had my eyes on was 50% off
英検2級に合格した	passed the 2nd Grade of the STEP Test

面接試験がうまく行った	did well on the interview test
1万円分の音楽ギフト券が当たった	won ¥10,000 worth of music coupons
ラジオで私のメッセージが読まれた	my message was read on the radio
ブログに嬉しいコメントが届いた	got a nice comment on my blog
駅までの近道を見つけた	found a shortcut to the station
パソコンが使えるようになった	learned how to use a computer
ぽかぽか陽気の1日だった	a nice and warm day
5つ星レストランで食事をした	had dinner at a five-star restaurant
企画が通った	my plan was accepted
増刷3000部!	reprint -- 3000 copies!
契約が取れた	made a contract
ノルマを達成した	met my quota
今月は黒字だ	in the black this month
上司にねぎらいの言葉をもらった	my boss told me I did a good job

残念なできごと

ダイエットに失敗した	failed my diet
４キロ太った	gained 4kg
体力がなくなってきた	losing physical strength
目が見えなくなってきた	my eyesight is getting poorer
リカが入院した	Rika is in the hospital
サチコのお母さんが亡くなった	Sachiko's mother passed away
ソウスケの愛犬が死んだ	Sousuke's dog died
ヨシコはかなりストレスがたまっている	Yoshiko is stressed out
テツヤとリナが別れた	Tetsuya and Rina broke up
カオリが離婚した	Kaori got divorced
面接試験で落ちた	didn't pass the interview test
携帯ストラップを落とした	lost my cell phone strap
パソコンが壊れた	my computer broke
修理に４万円かかった	cost 40,000 yen to fix it
お気に入りのスカートが破れた	my favorite skirt tore

店員の態度が悪かった	the sales clerk had a bad attitude
カズがお礼を言わなかった	Kazu didn't say thank you
チエが謝らなかった	Chie didn't say sorry
スピード違反の切符を切られた	got a speeding ticket
高校の同窓会に行けなかった	couldn't go to my high school reunion
10ページの文書を打ち直すはめになった	had to retype a 10-page document
上司に八つ当たりされた	my boss took it out on me
契約を取り消された	the contract was canceled
交渉が進まない	the negotiation isn't going well
商売に活気がない	my business is slow
首になった	got fired
地方に飛ばされた	got transferred to a local branch
アライさんの会社が倒産した	Arai-san's company went bankrupt
今月も赤字だ	in the red this month again

交友、恋愛

彼、独身かな？	Is he single?
彼女は既婚者だ	she's married
彼に付き合っている人がいないといいけど	hope he isn't seeing anyone
彼には恋人がいる	he has a girlfriend
彼女には恋人がいるのかな？	Does she have a boyfriend?
タクヤとケンカした	had a fight with Takuya
マミと言い争いになった	had words with Mami
リエコに無視された	Rieko ignored me
トオルにバカにされた	Toru made fun of me
あいつの顔を見るのもイヤだ	can't stand the sight of him
ススムとは（会っても）口をきかない仲だ	not on speaking terms with Susumu
ヨシキと仲直りした	made up with Yoshiki
マリが話しかけてきた	Mari talked to me
サイトウさんと映画に行った	went to the movies with Saito-san
サクラバさんに食事に誘われた	Sakuraba-san asked me out to dinner

PART 2 書きたいことをテーマから探す

アキコさんが夕食を作ってくれた	Akiko-san made me dinner
イシダさんと友達になりたい	want to make friends with Ishida-san
ヨウコの結婚式で何人かと友達になった	made some friends at Yoko's wedding
うち1人からメールがあった	one of them e-mailed me
リョウと寝た	had a thing with Ryo
愛し合った	made love
シンイチに浮気された	Shinichi cheated on me
ユキノに二股をかけられた	Yukino two-timed on me
不倫している	having an affair
彼にバレた	he found it out
彼女は気づいていない	she hasn't found it out
彼をふった	left him
彼にふられた	he left me
別れた	broke up
彼のこと、許さない	will NOT forgive him
彼女のことを許してあげた	forgave her

休日、空いた時間にしたこと

洗車をした	washed my car
車にワックスをかけた	waxed my car
宝石を磨いた	polished my jewelry
年賀状を50枚書いた	wrote 50 New Year's cards
お礼状を書いた	wrote a thank-you letter
お見舞い状を書いた	wrote a get-well card
トモミに誕生日カードを送った	sent Tomomi a birthday card
机を片付けた	cleaned my desk
引き出しの中を整理した	tidied up the drawers
模様替えをした	rearranged my room
飛行機を予約した	booked my flight
母に電話した	called my mom
DVDを(有料で)借りた	rented some DVDs
DVDを返却した	returned the DVDs
本を(無料で)借りた	borrowed some books
家賃を払った	paid the rent

髪型を変えた	changed my hairstyle
メガネを変えた	changed glasses
大阪に出張した	made a business trip to Osaka
セミナーに参加した	attended a seminar
株を全部売った	sold all the stocks
交通事故を目撃した	saw a car accident
パーティの幹事をした	organized a party
家で仕事をした	worked at home
長風呂に入った	took a leisurely bath
ひな人形を飾った	displayed the set of hina dolls
こいのぼりを飾った	flew the carp streamers
クリスマスツリーを飾った	decorated the Christmas tree
豆まきをした	had the bean-throwing ceremony
お墓参りをした	visited my family grave
テライさんのお見舞いに行った	visited Terai-san in the hospital
確定申告をした	worked on my tax papers

ファイナンシャル・プランニングの勉強した	studied financial planning
家族で外食した	ate out with my family
ネットサーフィンをした	surfed the Net
ジグソーパズルをした	did a jigsaw puzzle
友だちを家によんだ	had some friends over
子どもたちとままごとをした	played house with my children
姪と甥の面倒を見た	babysat my niece and nephew
ピアノの練習をした	practiced the piano
セーターを編んだ	knitted a sweater
トートバッグを作った	sewed a tote
テレビゲームをした	played the videogames
プリクラを撮った	made some photo stickers
イタリア旅行のアルバムを作った	made a photo album of my trip to Italy
姉の引越しの手伝いをした	helped my sister move
顔にパックをした	applied a pack to my face
物件（アパート）を探した	looked for a nice apartment

生理

生理がきた	got my period
いま生理だ	having my period
	in my period
	OTB (on the blob の略)
	time of the month (遠まわしな表現)
生理が1週間遅れている	my period is one week late
生理が終わった	finished my period
生理痛がひどい	having terrible cramps
出血がひどい	bleed heavily
生理が規則的だ	have a regular menstrual period
生理不順だ	have menstrual disorder
生理じゃないのに出血した	bled between periods
妊娠したかな?	pregnant?
想像妊娠だった	false pregnancy

PART 3
気持ちや感想を書く

　PART 1 や PART 2 の表現と一緒に用いたり、手帳に書き込んだ「予定」の横に気持ちをや感想を書き添えたりしましょう。

一般的な感想

よかった	great
ふつうだった	just OK / so-so
あまりよくなかった	not so good
ひどかった	terrible
疲れた	tired
クタクタ	exhausted
ぐっすり寝たい	want to get a good sleep
うまく行った	went well
失敗した	failed
大失敗だった	screwed up
楽しかった	fun
大変だった	tough

つまらなかった	boring
簡単だった	easy
すごく簡単だった	piece of cake
難しかった	hard
複雑だった	complicated
うるさかった	noisy
静かだった	quiet
達成感に満ちている	fulfilled
満足している	satisfied
やりがいがあった	challenging
やる価値があった	rewarding
また挑戦したい	want to try it again
二度とやりたくない	don't want to do it again
いい経験だった	good experience
たくさん苦労した	went through a lot
がんばりが報われた	my hard work paid off

うれしさ、興奮

うれしい	happy
すごくうれしい	very happy
最高	couldn't be happier
ばんざーい!	hurray!
やったぁ!	great!
わーい!	whoopee!
	yahoo!
よかった!	three cheers!
すごーい!	great!
	awesome!
	fabulous!
楽しみ!	can't wait!
ルンルン	happy and excited
わくわく	excited
超わくわく	thrilled

PART 3　気持ちや感想を書く

わくわく・ドキドキ	excited and nervous
喜ばしい知らせだ	good news
（安価で手に入れて）得しちゃった	what a steal!
ツイてる!	lucky me!
夢みたい	like a dream
超感動	greatly moved
うれしい驚きだった	great surprise
うれし泣きをした	cried with joy
感動で涙がでた	moved to tears
うそみたい	too good to be true
興奮して眠れなかった	too excited to sleep
夢が叶った	my dream came true
花金（花の金曜日）だ!	TGIF!（=Thank God It's Friday の略）
なんていい1日なの	what a great day!
毎日が誕生日みたい	every day is like a birthday

悲しみ、苦しみ

悲しい	sad
とても悲しい	very sad
なんだか悲しい	kind of sad
悲しい気持ちになる	feel sad
言葉にならないほど悲しい	too sad for words
悲しみに打ちのめされている	devastated by grief
こんなに悲しいことはない	there's nothing sadder
それが悲しい現実	that's a sad fact
泣きたい気分だ	feel like crying
泣きそうになった	almost cried
涙を抑えることができなかった	couldn't hold back my tears
一晩中泣いた	cried all night
これからどうやって生きていけばいいの？	How can I live from now on?
悲しいけれどくじけず生きていこう	will go on with my life
がっかり	how disappointing!

PART 3　気持ちや感想を書く

彼にはがっかりした	disappointed in him
本当にがっかりだ	what a bummer!
なんてことだ!	oh my
気が滅入る	feel depressed
残念	what a shame!
むなしい	feel empty
気持ちが沈んでいる	feel low
ツライ1週間だった	had a bad week
ツライ思いをした	had a hard time
ツライ立場だ	in a difficult position
ツライ別れだった	painful separation
歯を食いしばってがんばった	bit the bullet
胸が張り裂けそう	heartbroken
耐えられない	can't bear it
生活が苦しい	live a tough life

怒り

あーもう!	darn (it)!
ちくしょう!	damn (it)!(下品)
くそったれ!	shit!(下品)
チェッ	shoot
頭にきた!	mad!
本当に頭にきた	furious
腹立たしい	upsetting
ムカつく	pissed off(下品)
まぬけなヤツだ	what a jerk!
カチンときた	got on my nerves
彼女にはイライラする	she drove me up the wall
またかよ!	not again!
しつこいよ!	not that again!
うせろ!	Get lost!

ばかばかしい	ridiculous
ふざけんな	bullshit（下品）
ばかげた話だ	hooey!
バカなヤツだ	so stupid
だから何？	So what?
はいはい、なんとでも	whatever
うんざりだ	sick of it
まったくもう!	good grief!
いいかげんにしてよ	give me a break
バカにしないで!	Don't make a fool of me!
八つ当たりしないでよ!	Don't take it out on me!
（男性に対して）大きなお世話だ	none of his business
気にするもんか	Who cares?
どうだっていいさ	couldn't care less

驚き

あらまぁ!	gosh!
おやおや	oh boy
そんなばかな!	my eye!
驚いた	surprised
すごくビックリした	shocked
ものがいえないくらい驚いた	dumbfounded
愕然とした	completely dumbfounded
驚きを隠せなかった	couldn't hide my surprise
ホント?	Really?
信じられない	unbelievable
目を疑った	couldn't believe my eyes
耳を疑った	couldn't believe my ears
まさか!	no way!
それはどうかな?	doubt it

不安

心配だ	worried
緊張している	nervous
	feel tense
かなり上がっている	have butterflies in my stomach
（病気になりそうなくらい）ひどく心配だ	worried sick
怖い	scared
心細い	lonely
どうしよう	What should I do?
逃げ出したい	want to run away
気になって仕方がない	can't take my mind off it
安心できる言葉がほしい	need a reassuring remark
誰か助けて	help me
くよくよしない！	Don't sweat it!

安心感

ホッ	whew
安心した	relieved
あぁ、ほっとした	what a relief!
一安心した	able to breathe again
やっと気が楽になった	finally felt at ease
安心して眠れる	can sleep in peace
安心して死ねる	can die in peace
安心したら気が抜けた	went limp with relief
安心するのはまだ早い	can't rest easy yet
そりゃ安心だ	that's a load off my mind
肩の荷が下りた	it took a load off my shoulders
いつになったら安心できる？	When can I be relieved?

後悔

後悔している	regret it
深く後悔している	deeply regret it
後悔はしていない	have no regrets
いまさら後悔しても遅い	too late for regret
いまさら後悔しても仕方がない	no use regretting it now
過ぎたことは取り返しがつかない	things past cannot be recalled
謝りたい	want to apologize
あんなこと言わなきゃよかった	shouldn't have said that
彼にやさしくすべきだった	should've been nice to him
時間を戻すことができたらなぁ	if only I could turn back the clock
彼は後悔することになるだろう	he'll be sorry

食べ物の感想

おいしかった	tasty
	tasted good
すごくおいしかった	delicious
甘かった	sweet
苦かった	bitter
辛かった	spicy
	hot
塩辛かった	salty
すっぱかった	sour
甘酸っぱかった	sweet-and-sour
こってりしていた	heavy
油がくどかった	greasy
あっさりしていた	tasted plain
カリカリしておいしかった	crispy
バリバリしておいしかった	crunchy

買ったものの感想

高かった	expensive
安かった	low-priced / cheap
高かったけど満足	expensive but satisfying
安かろう悪かろうだ	you get what you paid for
お買い得だった	good deal
掘り出し物だった	steal
半額だった	50% off
さらに3割引だった	additional 30% off
気に入っている	like it
すごく気に入っている	love it
買ってよかった	glad I bought it
買わなきゃよかった	shouldn't have bought it
色違いをもう1つ買っておけばよかった	should've bought another color, too

スポーツやイベントなどの感想

楽しかった	had fun
	had a ball
退屈だった	boring
よかった	good
あまりよくなかった	so-so
思ったより良かった	better than I thought
思ったほど楽しくなかった	wasn't as exciting as I thought
勝った	won
負けた	lost
引き分けだった	tied
疲れた	got tired
筋肉痛になった	got sore muscles
たくさん汗をかいた	sweated a lot
またやってみたい	want to try again

本や映画などの感想

いい話だった	good story
とてもよかった	very good
感動した	touching
泣けた	brought me to tears
おもしろかった	fun
笑えた	funny
興味深い内容だった	interesting
とてもオススメだ	highly recommended
がっかりだった	disappointing
期待はずれだった	didn't come up to my expectations
難しかった	hard
難しくて理解できなかった	too hard to understand
つまらなかった	boring
時間のムダだった	waste of time

人についての感想（外見）

かっこよかった	cool
	good-looking
美人だった	beautiful
	good-looking
華やかで魅力的だった	gorgeous
かわいかった	cute
見た目はふつうだった	average-looking
（女性が）美人とは程遠かった	homely
背が高かった	tall
背が低かった	short
オシャレだった	stylish
センスがよかった	classy
オタクっぽかった	nerdy
まじめそうだった	looked serious
スタイルがよかった	nice body / well-put together
目が大きかった	big eyed
色白だった	fair-skinned

PART 3　気持ちや感想を書く

美肌だった	beautiful-skinned
日焼けしていた	tanned
品のよい顔立ちだった	fine features
はっきりした顔立ちだった	well-defined features
彫りの深い顔立ち	sculpted features
イケメンだった	nice-looking guy
ジャニーズ系だった	Johnny's type
体育会系だった	athletic type
セクシーだった	hot
髪がきれいな人だった	beautiful-haired
やせ型だった	thin
がっちりした体格	big and strong / well-built
がっちり型のハンサムな人	hunk
きゃしゃだった	petite / slightly-built
ふくよかな人だった	plump / full figure
ぽっちゃりした人だった	chubby
ぽっちゃりとした顔	full-fleshed face
こわもてだった	tough-looking / grim-looking
おとなしそうな人だった	looked quiet

人についての感想（中身）

性格がよかった	good-natured
性格がキツかった	strong personality / strong-minded
人を惹きつける性格だった	magnetic personality
一緒にいて楽しい人だった	fun to be with
一緒にいてつまらない人だった	boring to be with
気さくだった	friendly
無愛想だった	unsociable
ユーモアのある人だった	had a good sense of humor
ユーモアのない人だった	had no sense of humor
腰が低い人だった	humble
偉そうな人だった	bossy
頭のきれる人だった	sharp
バカだった	stupid
品があった	elegant
品がなかった	vulgar
ヘンな人だった	weird / strange
人を惹きつけるオーラがあった	had an attractive aura
ムラのある人だった	erratic

PART 3　気持ちや感想を書く

筋の通った人だった	logical
地に足が着いた人だった	down-to-earth
冷静でしっかりした人だった	together person
説得力があった	persuasive talker
話しやすかった	easy to talk to
話しにくかった	hard to talk to
話していて感じがよかった	pleasant to talk to
意地が悪そうだった	looked mean
おしゃべりな人だった	big mouth / babbler / blabber mouth
お世辞が多い人だった	flatterer
信頼できそうだった	reliable
歯に衣を着せない人だった	outspoken
物腰の柔らかい人だった	mild-mannered
感じがいい人	favorable impression
変わった人だった	different type
凛としていた	had such poise
声が大きかった	big-voiced
声が小ささかった	small-voiced
ステキな声だった	sweet-voiced

自分へのねぎらい、励まし

よくがんばった!	good job!
すばらしい!	bravo!
あと一歩だった	almost made it
我ながらよくやったと思う	proud of myself
よい教訓になった	good lesson
元気だして!	Cheer up!
なんとかなるさ	it'll work out
心配無用!	Don't worry!
仕方がないさ	can't be helped
時間の問題だろう	just a matter of time
私が悪いんじゃない	not my fault
ツイてなかっただけ	wasn't my day
次はうまく行くはず	better luck next time
可能性はある	there's a chance

あきらめずに頑張れ!	Stick it out!
ダメもと	nothing to lose
自信を持って	be confident
私ならできる!	I can do it!
(それにむかって) がんばれ!	Go for it!
肩の荷が下りた	it took a load off my mind
努力が報われた	my hard work paid off
のんびりやろう	take it easy
人生そんなもの	that's the way it goes
明日は明日の風が吹く	tomorrow is another day

書き留めておきたい
"心に響く言葉"

言葉には驚くほどのパワーがあります。
言葉によって励まされたり、勇気づけられたり、
感動したり、元気をもらったり、
ちょっとしたひとことが、その人の人生を変えることさえあります。
ここでは、そんな"心に響く言葉"をご紹介します。
ノート欄やカードに書くなどして、
自分やお友達にメッセージを贈るときに活用してください。

人生

人生はすばらしい
　　Life is beautiful.

出逢いを大切に
　　Treasure each encounter.

人生にリハーサルはない
　　There's no rehearsal for life.

毎日が誕生日みたい
　　Every day is like a birthday.

一生努力
　　Strive throughout your life.

人生にムダな経験はない
　　No experience is useless in life.

バランスを保つことがハッピーライフの秘訣
　　Being well-balanced is the key to a happy life.

いいこともあればイヤなこともある、それが人生
　　We all have our ups and downs. That's life.

人生を楽しくするか苦しくするかは、すべて自分次第
　　Whether life is better or bitter, it's totally up to you.

成功

どんな達人だって最初は初心者

 All experts were at one time beginners.

成功に近道はない

 There's no shortcut to success.

失敗あってこその成功

 Success comes after much failure.

成功者の努力に終わりはない。

 Successful people never cease to strive.

失敗も活かせば成功につながる

 Failure is success if you learn from it.

成功とは、持っている才能を最大限に利用すること

 Success is the maximum utilization of the ability that you have. (Zig Ziglar)

地道に努力することが成功するための最善の方法

 Making steady efforts is the best way to succeed.

成功するために一番大切なのは、「自分ならできる」と信じること

 The most important step toward success is to believe you can succeed.

気持ちがラクになる言葉

完璧な人はいない
　　　Nobody is perfect.

あなたは一人じゃないんだよ
　　　You are not all alone.

自然体のあなたがステキ
　　　You're fabulous just the way you are.

たまには息抜きも必要
　　　You should unwind a little now and then.

無理しすぎないでね
　　　Don't push yourself too hard.

失敗しても、挑戦し続ければいい
　　　It's OK to fail, just keep on trying.

ダメでもともと
　　　It won't hurt to try.

あなたがいれば何もかもスペシャル
　　　With you around, everything is special.

悩みは話せば半減するよ。幸せは話すと2倍になるよ。
　　　A trouble shared is a trouble halved, and a joy shared is doubled.

励まし

元気を出して
　　Cheer up.

あなたならできる
　　You can do it.

笑顔は最高の化粧
　　A smile is the best make-up.

あきらめないで
　　Stick to it.

自信を持って
　　Be confident.

自分に誇りを持って
　　Be proud of yourself.

自分らしくいよう
　　Just be yourself.

努力し続けることも才能のうち
　　Continuous effort is a talent, too.

やり直すのに遅すぎるなんてないさ
　　It's never too late to start over.

アドバイス

扉を開けてごらん、新しい自分がみつかるかもしれないよ
> Open the door. You may find a new you.

できると思えはできるし、できないと思うとできない
> If you think you can, you can. If you think you can't, you can't.

悪いことよりも良いことに気持ちを向けよう
> Focus on the good things, not on the bad.

夢を追い続けて
> Keep pursuing your dreams.

スランプは、自分を強くするのに必要なことを学ぶ機会
> A slump is an opportunity to learn a lot of things that can make you stronger.

回り道をしたときにその景色を楽しめる人こそが真の幸せ者
> The truly happy person is the one who can enjoy the scenery off the main road.

理想的な人生のシナリオを作ってごらん、現実になるから
> Make a scenario of your ideal life. It'll come true.

それを夢みることができれば、実現することもできる
> If you can dream it, you can do it. (Walt Disney)

ことわざ、信条

継続は力なり

> Perseverance pays off.

意志があれば道は開ける

> Where there's a will, there's a way.

痛みなしに得るものなし

> No gain without pain.

学問に王道なし

> There's no royal road to learning.

習うより慣れよ

> Practice makes perfect.

行動は言葉よりものを言う

> Actions speak louder than words.

経験は最善の師

> Experience is the best teacher.

今日できることは今日のうちに

> Don't put off what you can do today.

初心を忘るべからず

> Always maintain a beginner's first-time enthusiasm and humility.

今の自分を書き留めておく
10の項目

過去の手帳を振り返ると、その時の生活が見えてきますが、
夢や大切なもの、自分の好きなところなどは、
時の経過と共に忘れてしまいがちです。
ここでは、当時の自分が見えてくる10の項目をご用意しました。
質問に答える形で、手帳の空いたスペースに
「今の自分」を書き留めておきましょう。
過去の手帳から、当時の生活スタイルだけでなく、
自分の内面も思い出すことができるはずです。

今年の抱負は？

What's your New Year's resolution?
新年の抱負

たとえばこう書く…

I will save 1,000,000 yen.
100万円貯める。

I will keep a diary in English.
英語で日記を書く。

I will not drink too much.
飲みすぎないようにする。

I want to stay in good health.
健康を維持したい。

My New Year's resolution is to lose 7 kg.
新年の抱負は7キロ減量すること。

My New Year's resolution is to work as a volunteer.
新年の抱負はボランティアで働くこと。

※ I will ～ .「～する（強い意志）」/ I want to ～ .「～したい」/ My New Year's resolution is to ～ .「新年の抱負は～すること」

あなたの新年の抱負を書いてみよう

夢中になっていることは？

Is there anything you are into?
ハマっている

📝 たとえばこう書く…

I'm into feng-shui.
風水にハマっている。

I'm into Pilates.
ピラティスにハマっている。

I'm into banana diets.
バナナダイエットにハマっている。

I'm crazy about Takarazuka.
宝塚に夢中だ。

I'm crazy about collecting power stones.
パワーストーンを集めることに夢中だ。

I enjoy growing vegetables in my garden.
庭で野菜栽培を楽しんでいる。

※ I'm into 〜 .「〜にハマっている」 / I'm crazy about 〜 .「〜に夢中だ」/ I enjoy 〜 .「〜を楽しんでいる」

📝 あなたがハマッていることを書いてみよう

尊敬する人は？

Who do you respect?
〜を尊敬する

I respect my father.
父を尊敬している。

I respect the late Mother Theresa.
故・マザーテレサを尊敬している。

I look up to Yuhata-bucho.
ユハタ部長を尊敬している。

I think Ichiro's effort deserves respect.
イチローの努力は尊敬に値すると思う。

I want to be a singer like Beyonce.
ビヨンセのような歌手になりたい。

I want to be a great speaker like President Obama.
オバマ大統領のような、素晴らしい演説家になりたい。

※ I respect 〜.「〜を尊敬している」 / I look up to 〜.「〜を尊敬している」/ I think 〜 deserves respect.「〜は尊敬に値すると思う」 / I want to be ... like 〜.「〜のような…になりたい」

あなたが尊敬する人を書いてみよう

夢は？

What's your dream?

My dream is to live in my own house.
夢は一軒家に住むことです。

My dream is to study abroad.
夢は留学すること。

My dream is to be an entrepreneur.
夢は起業家になること。

My dream is to win 300 million yen in the lottery and lead a luxurious life.
夢は宝くじで３億円当てて優雅な生活を送ること。

I hope I can pass the first grade skiing proficiency test.
スキーの技能検定１級に受かるといいな。

I hope I can own a Ferrari someday.
いつかフェラーリを所有できたらいいな。

※ My dream is to 〜 .「夢は〜すること」/ I hope 〜 .「〜だといいな」

あなたの夢を書いてみよう

自分の好きなところは？

What do you like about yourself?
自分自身について

I like my smile.
笑顔が好き。

I like my sense of humor.
自分の面白いところが好き。

I like that I'm punctual.
時間厳守なところが好き。

I think I'm pretty understanding.
けっこう理解があるほうだと思う。

I don't brood on my failure. That's my strong point.
失敗してもくよくよ悩まない。それが私の長所。

What I like about myself is that I'm positive-minded.
自分の好きなところはプラス思考なところ。

※ I like that～.「～なところが好き」/ That's my strong point.「それが私の長所」/ What I like about myself is that～.「自分の好きなところは～なところ」

自分自身の好きなところを書いてみよう

自分の性格で変えたいところは？

Is there any personality trait of yours that you want to change?
自分の性格

I want to change my short-temperedness.
短気なところを変えたい。

I want to change my self-centeredness.
自己中心的なところを変えたい。

I don't like that I give up easily.
長続きしないところがイヤだ。

I don't like that I'm easily influenced by others.
ほかの人に影響されやすいところがイヤだ。

I want to be outspoken.
はっきり物を言えるようになりたい。

There's nothing I want to change about myself. I like the way I am.
自分自身のことで変えたいところはない。いまのままの自分が好き。

※ I want to change my〜.「自分の〜なところを変えたい」/ I don't like that〜.「〜なところが好きではない」

自分自身の変えたいところを書いてみよう

どんなときに幸せを感じる？

When do you feel happy?
幸せに思う

I feel happy when I'm with my loved ones.
愛する人たちと一緒にいるときに幸せを感じる。

I feel happy when I eat something delicious.
おいしいものを食べているときに幸せを感じる。

I feel happy when I take a hot bath.
熱いお風呂に入っているときに幸せを感じる。

I feel happy when I see my children's smiles.
子どもたちの笑顔を見ると幸せを感じる。

I feel happy when I can sleep as much as I want.
好きなだけ寝ていられるときに幸せを感じる。

I feel happy when I'm needed at work or by friends.
職場や友人から必要とされているときに幸せを感じる。

※ I feel happy when 〜．「〜なときに幸せを感じる」

あなたが幸せに思うことを書いてみよう

一番大切なものは？

What's the most important thing for you?
一番大切なもの

Family is the most important thing.
家族が一番大切だ。

Money is the most important thing for me.
僕にはお金が一番大切だ。

The most important thing for me is work.
私にとって一番大切なのは仕事。

The most important thing is good health.
一番大切なのは健康だ。

I need mental strength.
私には強い精神力が必要だ。

I treasure friendship.
友情を大切にしている。

※～ is the most important thing.「～が一番大切だ」/ The most important thing is ～.「一番大切なのは～だ」/ I really need ～.「私には～が必要だ」/ I treasure ～.「～を大切にしている」

あなたにとって一番大切なものを書いてみよう

欠かさずしていることは？

Is there anything you never miss to do every day?
欠かさずにする

I jog for 3 km every morning.
毎朝3キロ走っている。

I take care of my bonsai every day.
毎日盆栽の手入れをしている。

I keep a diary in English every day.
毎日英語で日記を書いている。

I take dietary supplements every day.
毎日サプリメントを摂っている。

I never miss my stretching before sleep.
寝る前のストレッチ運動を欠かさない。

I pray for my family's safety every day without fail.
毎日欠かさず家族の安全を祈っている。

※ I never miss 〜 . 「決して〜を欠かさない」

あなたが欠かさずにしていることを書いてみよう

今の自分を書き留めておく10の項目

10年後の自分は？

What do you think you'll be doing in 10 years?
（未来の）〜後

I'll be enjoying my hobbies.
趣味を楽しんでいるだろう。

I'll be married and busy raising my children.
結婚して子育てに奮闘しているだろう。

I'll probably be leading the same life as now.
たぶん今と変わらない生活を送っているだろう。

I hope I'll be learning how to dance.
ダンスを習っていられたらいいな。

I hope I'm in a managerial position.
管理職についていたいな。

I'll be traveling all over the world in the Peace Boat.
ピースボートで世界旅行をしているだろう。

※ I'll probably be 〜 ing.「たぶん〜しているだろう」 / I hope 〜 .「〜だといいな」

10年後の自分を想像して書いてみよう

MY WORD LIST

自分だけの単語集を作っておくと便利です。

ジャンル	日本語	英　語

:::note
著者紹介
:::

石原真弓（いしはら　まゆみ）

英語学習スタイリスト。

高校卒業後アメリカに留学。コロラド州で英語や秘書業務、経営学を学んだ後、通訳に従事。帰国後、英会話学校や企業などで英会話を教える傍ら、執筆活動を開始。ベストセラーになった「英語で日記を書いてみる」（ベレ出版）で"初心者のための新しい英語勉強法"を提案、注目を集める。

執筆のほか、テレビ、ラジオ出演、ポッドキャストDJ、コンテスト審査員、セミナー講師など多岐に渡って活躍。

著書に、上記のほか、「英語で日記を書いてみる 表現集編」「はじめて英語で日記を書いてみる」（ともにベレ出版）、「新・英語日記ドリル」（アルク）、「1日3分 はじめての英語日記」（中経出版）、「英語ができる人の辞書の使い方」（成美堂出版）など多数。韓国語や中国語に翻訳された著作も多い。

英語で手帳をつけてみる

2009年 3月25日	初版発行
2017年12月30日	第37刷発行

著者	石原 真弓（いしはら まゆみ）
カバーデザイン	竹内 雄二
イラスト	ツダタバサ
DTP	WAVE 清水 康広

©Mayumi Ishihara 2009. Printed in Japan

発行者	内田 眞吾
発行・発売	ベレ出版 〒162-0832　東京都新宿区岩戸町12 レベッカビル TEL.03-5225-4790　FAX.03-5225-4795 ホームページ　http://www.beret.co.jp/ 振替 00180-7-104058
印刷	モリモト印刷株式会社
製本	根本製本株式会社

落丁本・乱丁本は小社編集部あてにお送りください。送料小社負担にてお取り替えします。

ISBN 978-4-86064-221-1 C2082　　　　　　　　編集担当　綿引ゆか

はじめて
英語で日記を書いてみる

石原真弓 著

A5 並製／定価 1575 円（5% 税込） 本体 1500 円
ISBN978-4-86064-177-1 C2082　■ 256 頁

『英語で日記を書いてみる』の石原真弓先生の「はじめての人のための本を！」という読者の声に応えた第3弾。たくさんの例文や構文が目の前にあっても、自分でいざ書こうとすると書けない…、本書はそんな方のためにシンプルな日記からはじめて、一人で楽しく英語の日記が続けられるように、やさしく解説しながら日記に使える表現と書き方を紹介します。辞書の有効な使い方の解説も。

英語で日記を書いてみる

石原真弓 著

A5 並製／定価 1575 円（5% 税込） 本体 1500 円
ISBN978-4-939076-85-5 C2082　■ 276 頁

英語で日記をつけるというのが、英語力をつけることにとても役立つことはよく言われていることですが、いきなり書こうとしても書けないものです。本書では、自分の身近で起こったこと、思ったことを英語で「日記」として書けるようになるために、書くために必要な基本文法と、日記の書き方をイチから解説し、日記に使える構文や表現を豊富に紹介します。

英語で日記を書いてみる
表現集編

石原真弓 著

A5 並製／定価 1575 円（5% 税込） 本体 1500 円
ISBN978-4-86064-000-2 C2082　■ 300 頁

「英語で日記を書いてみる」第2弾、表現集編です。やさしく短い例文から、ネイティブなみに自然な例文まで、様々な場面、状況に対応した表現が満載です。表現には訳し方のコツや、文法、英語独特の言い回しについての解説がついているので、初級レベルの方からでも使える内容になっています。もっともっと表現を知りたいという声に応えた1冊です。